# New Work – die Illusion von der großen Freiheit

Doris Dull

# New Work – die Illusion von der großen Freiheit

## Ausprägungen der neuen Arbeitswelt

Doris Dull
Öhningen, Deutschland

ISBN 978-3-658-41219-7       ISBN 978-3-658-41220-3 (eBook)
https://doi.org/10.1007/978-3-658-41220-3

Die Deutsche Nationalbibliothek verzeichnet diese Publikation in der Deutschen Nationalbibliografie;
detaillierte bibliografische Daten sind im Internet über http://dnb.d-nb.de abrufbar.

Springer Gabler

Lektorat: Ann-Kristin Wiegmann
Springer Gabler ist ein Imprint der eingetragenen Gesellschaft Springer Fachmedien Wiesbaden GmbH
und ist ein Teil von Springer Nature.
Die Anschrift der Gesellschaft ist: Abraham-Lincoln-Str. 46, 65189 Wiesbaden, Germany

# Vorwort

Es ist ruhig geworden um New Work, war kürzlich mein Eindruck. Entweder, weil viele Unternehmen bereits auf dem Weg nach New Work sind oder weil das Thema sich rausgeschlichen hat.

Also beschloss ich, eine Antwort zu finden und gab „New Work" in die Suchfunktion einer Social-Media-Plattform ein. Als Ergebnis bekam ich 215.000 Personen als Suchtreffer, die New Work in ihrem Profil haben. Es sind Coaches, Organisations-EntwicklerInnen, WegbereiterInnen, Experten, SinnstifterInnen, ZukunftsgestalterInnen, Enthusiasten sowie Gurus usw., die sicherlich schon alles über New Work wissen. Außerdem gibt es bereits eine Vielzahl von Büchern zum Thema New Work.

*Und, was kann jetzt mein Buch für einen Mehrwert generieren und für wen?*

Zuerst möchte ich erklären, warum ich mich entschlossen habe, ein Buch über New Work zu schreiben. Jemand, der lange Zeit das Thema belächelte und ignorierte, weil es für mich zu diffus und undurchsichtig war. Es gab zwei Möglichkeiten,

a. es weiter zu ignorieren, oder
b. sich ernsthaft mit der Materie auseinanderzusetzen.

Das letztere habe ich getan, weil ich es mir als ehemalige HR-Direktorin schuldig war, mich mit neuen Trends zu beschäftigen. Zweitens bin ich es meinen Kunden schuldig. Drittens bin ich neugierig und möchte verstehen.

So weit, so gut. Also habe ich angefangen, das Buch New Work – New Culture von Frithjof Bergmann intensiv zu lesen, um tief in seine Gedankenwelt einzutauchen. Weitere Bücher und wissenschaftliche Artikel bildeten schlussendlich die Grundlage für dieses Buch-Projekt, was dazu führte, dass ich mich frühzeitig von den theoretischen Denkansätzen abgegrenzt habe. Es sind Theorien, die eine Arbeitswelt postulieren, die es nie geben wird. Eine Arbeitswelt, im ständigen Wohlfühlmodus, selbstbestimmt, mit coachenden, empathischen, werteorientierten, sinnstiftenden, authentischen und allzeit verständnisvollen Führungskräften. Und, Arbeiten, wann und wo man Lust hat.

Leider funktioniert die Arbeitswelt so nicht, auch nicht in Zukunft. Es ist die Illusion von der großen Freiheit. Keiner, weder ein Consultant, noch ein Freelancer noch MitarbeiterInnen in einem traditionellen Arbeitsverhältnis sind völlig frei und selbstbestimmt.

Und genau das ist das Ziel, das ich mit diesem Buch erreichen möchte. Aufzuzeigen, was Realität wird und was Träumerei bleibt.

Wie ein roter Faden ziehen sich Produktivität, Effizienz und Effektivität durch die einzelnen Kapitel, was auch in der neuen Arbeitswelt im Fokus stehen wird. Der Fokus auf Profit und Gewinn.

Verändern werden sich die Vorzeichen: *Gewinn und Profit durch New Work durch eine bessere Arbeitswelt.*

Um das zu verdeutlichen, habe ich unter anderem exemplarisch die Themen *Crowdworking, Smart-Offices, Remote Working, Führung sowie Regeln im Home-Office* ausgewählt und operationalisiert.

Zudem besteht eine starke Korrelation zwischen diesen Elementen. Nur im Zusammenspiel und einer neuen Denke ergeben sie New Work.

Selbstverständlich können sich Unternehmen nur für eine Komponente entscheiden, die sie planer in der Organisation umzusetzen. Dann betreten sie den Pfad des Change-Managements oder wie Frithjof Bergmann in einem Interview einmal gesagt hat: *New Work im Minirock.*

In Abschn. 1.5 spreche ich ein Problem an, das bisher nur sehr oberflächlich von den „New-Work-Experten" angesprochen wurde, die Komplettsanierung der bestehenden Arbeits- und Managementsysteme. Eine Notwendigkeit, ohne die New Work nicht ans Laufen kommt.

Ein weiteres Anliegen war mir, mit diesem Buch deutlich zu machen, dass New Work kein Projekt ist, sondern ein Veränderungsprozess, der nie enden wird. Ein Veränderungsprozess, der immer wieder an neue Bedingungen angepasst werden muss.

Zurück zur Frage: *Was kann jetzt mein Buch für einen Mehrwert generieren und für wen?*

Durch die Operationalisierung der zwei Worte „New und Work" in fünf Themenfelder habe ich die komplexe Thematik für Praktiker griffiger und umsetzbar gestaltet, was bisher in dieser Form nicht existiert. Für mich war es wichtig, Ross und Reiter zu nennen und blumige Prosa zu vermeiden.

Übrigens tendiere ich gerne dazu, komplexe Sachverhalte zu simplifizieren, um sie für mich und andere verständlich zu machen. Ob es mir gelungen ist, werden Sie mir, die Leser und Leserinnen dieses Buches, als Feedback geben.

Neben all den Theorien, Ausprobieren, Wahrscheinlichkeitsüberlegungen, wissenschaftlichen Analysen erfahren HR-Verantwortliche, Geschäftsführer, Veränderungswillige, moderne und offene Entscheider praktische Tipps, wie sie diese Neuerungen in der Organisation umsetzen können.

Dieses Buch ist eher ein nüchternes Nachschlagewerk ohne Polemik und Chichi.

Öhningen, Deutschland                                         Doris Dull

# Aufbau des Buches

**Im ersten Kapitel** des Buches zeige ich auf, dass **New Work nichts Besonderes** ist, sondern Teil eines ganz normalen Veränderungsprozesses, in dem wir uns seit hunderten von Jahren befinden. Ein Veränderungsprozess, der immer von denselben Faktoren getrieben wird, der Technik, den Menschen, der Gier und der Macht.

Ich diskutiere die verschiedenen Sichtweisen von New Work, insbesondere wie individuell BeraterInnen, Coaches und TrainerInnen die zwei Worte interpretiert haben. Ein besonderes Anliegen war es mir, Aussagen aus dem Buch von Frithjof Bergmann zu zitieren, um deutlich zu machen, dass Effektivität und Effizienz weiterhin im Vordergrund stehen, allerdings durch New Work.

Aufzeigen werde ich, warum die Digitalisierung, die COVID-Pandemie, die Veränderung unserer Gesellschaft, die Globalisierung und die neue Generation die Treiber der New-Work-Bewegung sind und kein Weg zurück in die alte Arbeitswelt zulassen. Zweitens, warum die alten Arbeits- und Managementsysteme und das HRM-System ein Redesign benötigen.

Am Ende des ersten Kapitels schreibe ich über die Herausforderungen für die Unternehmen und spekuliere, welche Themen die neue Arbeitswelt prägen werden.

**Im zweiten Kapitel** geht es um das Thema **Crowdworking – die Plattformökonomie** – und die Frage, ob das alte Beschäftigungsverhältnis ausgedient hat und ob Crowdworking das Potenzial hat, sich zu einer alternativen Beschäftigungsform zu entwickeln. Denn bis jetzt ist diese Arbeitsform für viele Menschen nur ein Nebenjob mit vielen Nebenwirkungen.

Kritisch betrachtet werden die Bezahlung, der Umgang mit CrowdworkerInnen durch die Plattformbetreiber und die soziale Einsamkeit, die mit dieser Arbeitsform verbunden ist. Sie erfahren, wie Crowdworking in den Unternehmen wertschöpfend eingesetzt werden kann. Entweder in dem bestimmte Tätigkeiten an externe Plattformbetreiber vergeben werden, um den MitarbeiterInnen dadurch mehr Freiraum zu gewähren für anspruchsvollere Tätigkeiten, oder als neue Arbeitsform oder als Personalentwicklungsmaßnahme.

**Im dritten Kapitel** geht es um **Smart-Offices,** das Büro der Zukunft. Das Büro ist weder eine Wohlfühloase wie in einem Luxus-Hotel noch sollte es wie das heimische Wohnzimmer aussehen. Smart-Offices bildet den Rahmen für New Work. Es ist nicht New Work.

Das Büro der Zukunft ist ausgestattet mit einer intelligenten Technologie, die es möglich macht, dass MitarbeiterInnen über eine App ihren Arbeitstag planen können. Von der Entscheidung über den Arbeitsort, Verkehrsmittel, Buchung von Büro- und Besprechungsräume bis zum Einladen der Besprechungs-TeilnehmerInnen, die Vor- und Nachbereitung der Besprechung und das Organisieren des Housekeeping.

Eine smarte Software wird dafür sorgen, dass im Büro im Unternehmen eine angenehme Raumtemperatur herrscht, ein gutes Raumklima, gesunde Lichtverhältnisse, das individuell angepasst werden kann und erkennt frühzeitig gesundheitliche Risiken. Das Ziel von einem Smart-Office ist, durch eine angenehme Arbeitsplatzumgebung dafür zu sorgen, dass die MitarbeiterInnen effizient und produktiv arbeiten können. Was das anbelangt, spielen das Design und Layout der Büroräume eine ebenso wichtige Rolle.

**Im vierten Kapitel** geht es um **Remote Working, das Arbeiten von irgendwo.** In der Zwischenzeit pfeifen es die Spatzen vom Dach: *dass Remote Working mehr ist als Home-Office, das Arbeiten in den eigenen vier Wänden* und dass Home-Office ebenfalls nicht gleichzusetzen ist mit Heimarbeit.

Wohl wissend, dass die Vor- und Nachteile von Home-Office ein Dauerthema sind, werden in diesem Kapitel die wahren Gründe aufgezeigt, warum MitarbeiterInnen es bevorzugen von Zuhause aus zu arbeiten oder lieber ins Büro gehen.

Infrage stelle ich die sich ständig wiederholende Behauptungen, dass Arbeiten im Home-Office das Wohlbefinden und die Produktivität der MitarbeiterInnen steigert. Bisher gibt es keinen eindeutigen Beweis dafür, was allerdings nicht heißen soll, diese Arbeitsform zu ignorieren. Nichts tun ist keine Option.

Und dann ist da noch der neueste Hype *Workation,* wo MitarbeiterInnen großzügig erlaubt wird, an jedem Ort der Welt arbeiten zu können. Die Fallstricke, die damit verbunden sind, erfahren Sie in Abschn. 4.5.1.

Eine gute Alternative zum Home-Office ist das Arbeiten in Co-Working-Spaces. Allerdings nicht als Dauerzustand, genauso wenig wie Arbeiten in den vier Wänden. Das Kap. 4 endet mit der Frage: Was ist die neue Normalität, Home-Office, Hybrid-Arbeiten, Mobiles-Arbeiten, Präsenzpflicht?

**In Kapitel fünf** finden Sie, liebe Leserinnen und Leser, ein Interview zwischen einem Fachanwalt für Arbeitsrecht und einem Unternehmensexperten über Regeln, die im Home-Office zu beachten sind. Diskutiert werden unter anderem, ob bei Video-Meetings der Arbeitgeber Anspruch auf eine Kleiderordnung hat, Arbeitszeiten und Vergütung im Home-Office, der Arbeitsunfall beim Arbeiten in den vier Wänden und welche Stolperfallen beim Home-Office im Ausland zu erwarten sind. Und ganz wichtig, die Mitbestimmungsrechte des Betriebsrats im Zusammenhang mit dem Arbeiten von Zuhause.

**Im letzten Kapitel, dem Kap. 6,** geht es um das spannende Thema Führung. Welches Führungsverhalten wird die zukünftige Arbeitswelt prägen? Zweitens, wird die neue Generation von Führungskräften in der Lage sein, Führung neu zu leben?

Das Kapitel beginnt mit einem kurzen Ausflug in die Antike und berichtet über die Führung der alten Griechen und was diese mit New Work gemeinsam hat. Nüchtern geht es weiter mit der Behauptung, dass Führung kein „ich wünsch' mir was" ist, sondern eine Frage der wirtschaftlichen Situation, in der sich ein Unternehmen befindet. Anschließend wird der Frage nachgegangen, ob das Führungsverhalten der nachfolgenden Generation weniger, mehr oder gleich narzisstisch ist. Was ist mit Macht, Machtspiele und Gier; bleibt es ein Teil von New Work? Eine eindeutige Antwort darauf habe ich nicht, nur eine Vermutung.

Im letzten Drittel dieses Schlusskapitels bekommen Sie einige Denkanstöße zum Thema Führungskultur und warum und wie sich Führung in der neuen Arbeitswelt verändern wird.

Viel Spaß beim Lesen und Danke, dass Sie sich für mein Buch interessieren

Dr. Doris Dull

# Inhaltsverzeichnis

# 1

# New Work – es gibt kein Weg zurück

**Zusammenfassung** New Work, seit Jahren ein Dauerbrenner auf das sich hunderte von BeraterInnen und Coaches gestürzt haben und jeder mit seiner eigenen Interpretation. Bis heute wird der Begriff unterschiedlich diskutiert. Dabei sind es nur zwei Worte, die im Kontext stehen mit der Veränderung unserer Arbeitswelt. Eine Veränderung, die von vielen Faktoren getrieben wird und von denen sich mannigfaltige Herausforderungen für Unternehmen ableiten. Diese umfassen neue Arbeitsmethoden, neue Arbeitsformen, neue Arbeitszeitmodelle, neue Beschäftigungsverhältnisse, ein verändertes Verhalten, eine neue Führungskultur und die Anpassung von Prozessen sowie Management- und Arbeitssystemen. Aufgrund dessen gibt es nicht das „New Work". Jedes Unternehmen muss seinen eigenen Weg in die neue Arbeitswelt finden – zusammen mit den MitarbeiterInnen und Führungskräften. Es gibt kein Weg zurück, sondern nur weiter, aber anders. Eines darf nicht außer Acht gelassen werden, das primäre Ziel eines Unternehmens ist, Geld zu verdienen. Am besten durch „New Work".

© Der/die Autor(en), exklusiv lizenziert an Springer Fachmedien Wiesbaden GmbH, ein Teil von Springer Nature 2023
D. Dull, *New Work – die Illusion von der großen Freiheit*,
https://doi.org/10.1007/978-3-658-41220-3_1

## 1.1   Was ist das Besondere an New Work

Das Thema New Work war für mich nie richtig greifbar. Es gab zwei Möglichkeiten, das zu ändern:

- Entweder abwarten, bis der Hype vorbei ist oder
- sich ernsthaft mit dem Begriff auseinanderzusetzen,

um herauszufinden, was das Besondere an New Work ist. Ich entschied mich für das letztere und kam zu folgendem Ergebnis:

> **» New Work ist nichts Besonderes, sondern Teil eines ganz normalen Veränderungsprozesses, in dem wir uns schon seit dem 18. Jahrhundert befinden.**

Angefangen mit der **ersten industriellen Revolution**, die in der Zeit zwischen 1782 und 1792 stattfand (Mottek et al., 1960, S. 15). Es war die Zeit als die Handarbeit durch Maschinenarbeit ersetzt wurde, vor allem um die Produktivität zu steigern. Danach kamen die ersten Dampfmaschinen zum Einsatz, damit der Aufschwung vorangetrieben werden konnte (Mottek et al., 1960).

*Deutschland ist jedoch erst im 19. Jahrhundert von seinem Dornröschenschlaf aufgewacht.* Der Grund für den verspäteten Start war die ökonomische und soziale Zersplitterung des Landes (Hilt, 2020). Aufgeholt hat Deutschland in den 1830er-Jahren mit dem Bau der Eisenbahn, der wiederum Wachstumstreiber für andere Industrien wurde; unter anderem für den Bergbau, die Eisenproduktion, den Maschinenbau und der Textilindustrie (Ulbricht et al., 1966, S. 20 ff.). Tagelöhner und enteignete Bauern wurden zu modernen Fabrikarbeitern umfunktioniert. Mit dieser kapitalistischen Entwicklung entstand die Arbeiterklasse. Durch die Ausbreitung des kapitalistischen Wirtschaftssystems gerieten die Handwerksgesellen immer mehr unter Druck und wurden gnadenlos ausgebeutet. Viele alte Gewerbe hatten keine Chance wirtschaftlich zu bleiben und gingen unter (Ulbricht et al., 1966).

Die Arbeitsbedingungen in den Fabriken waren katastrophal. *Die wöchentliche Arbeitszeit lag bei 72 h* (Hilt, 2020), *Kinder im Alter von 4 Jahren arbeiteten 10–12 h am Tag.* Es gab weder Gesundheits- noch Arbeitsschutz. Die Arbeiter wurden schikaniert, unterdrückt und ausgebeutet. Es kam zu Krankheiten und einer erhöhten Sterblichkeit (Ulbricht et al., 1966). Es waren die Schattenseiten des Aufschwungs. Ebenso wie die gravierenden Umweltschäden, die die Industrialisierung nach sich zog, wie stickige Luft und verschmutzte Flüsse (Hilt, 2020).

Ende des 18. Jahrhunderts, Anfang des 19. Jahrhunderts begann in Deutschland das Zeitalter **der zweiten industriellen Revolution** (Cremer, 2006, S. 2 ff.; WIKIPEDIA, 2022). Der technische Fortschritt hatte sich rasant weiterentwickelt. Die Dampfmaschinen wurden ersetzt durch Elektromotoren und Elektrizität. Transportwege und Transportmittel wurden ausgebaut. Die Haupterfindungen waren das Automobil, Flugzeuge, Telefon, die drahtlose Telegrafie und vieles mehr (Alexander, 2021), gefolgt von der Massenproduktion, der Fließbandarbeit und die Einführung des Taylorismus, der die Arbeit inhaltsleer und monoton machte. Im Gegenzug stiegen Effizienz und Produktivität. Belohnungssysteme wurden eingeführt als Anreiz für die MitarbeiterInnen, das vorgegebene Pensum zu erreichen.

### Die Gesellschaftsstruktur veränderte sich wesentlich

Es entstanden das Bürgertum und die Lohnarbeiter. Die Einführung von Sozialgesetzen im Jahr 1880 sollte die Ausbeutung der unteren Schichten abmildern. Innovation, Forschung und technische Weiterentwicklung waren der Wachstumstreiber für viele neue Industrien und Deutschland gehörte zu den größten drei Industrienationen der Welt (Cremer, 2006). Die neuen Industrien machten es möglich, dass nun auch Alltagsprodukte für die unteren Schichten zugänglich waren (Cremer, 2006; Meinhardt, 2002, S. 6). Menschen aller Klassen hatten die Möglichkeit, sich über längere Distanzen fortzubewegen, zu kommunizieren oder bekamen Zugang zu Informationen. Durch die technischen Erfindungen bekam das Gesellschaftsmodell eine neue Ordnung. Der Konsum stieg und Wohlstand für alle war gesichert (Meinhardt, 2002).

Prägend für die **dritte industrielle Revolution**, die in den 1970er-Jahren startete, waren die Erfindung der Computer, des Internets, die ersten großen Rechenmaschinen und die Automatisierung von Fertigungsprozessen (Meinhardt, 2002). Im Zentrum standen Rationalisierung und Automatisierung. Ein Trend, der bis heute ganz oben auf der Prioritätenliste der Shareholder-Value getriebenen Firmen steht.

Es war die Zeit der Werksschließungen, Produktionsverlagerungen in Niedriglohnländern, die Zeit der Globalisierung, Standardisierung und Outsourcen von Dienstleistungen oder Produktionsschritten an kleine, flexible, regionale Familienbetriebe. Heute sind es die Start-ups oder Click-Worker, die Unternehmen unterstützen, schneller und flexibler zu agieren.

Die dritte industrielle Revolution war der Beginn des ökologischen (grünen) Zeitalters. Sicherlich können Sie sich an die großen Demonstrationen der ersten Umweltaktivisten erinnern sowie die Gründung der Partei die Grünen.

Der nächste große Umbruch, der unsere Arbeitswelt signifikant verändern wird, ist die **vierte industrielle Revolution**, in der wir uns seit 2011 befinden. Es ist das Zeitalter der Digitalisierung, die Vernetzung von Menschen, Maschinen und Robotern, Arbeiten in der Cloud, der Einsatz von künstlicher Intelligenz oder die autonome intelligente Fabrik (Schwab, 2016, S. 9 ff.). Und wieder werden Arbeitsplätze wegfallen und neue geschaffen werden.

## »Kann man die vierte industrielle Revolution möglicherweise umbenennen in New Work?

Oder waren nicht alle Veränderungen der industriellen Revolution 1.0 bis 4.0 eine Form von New Work? Das würde die Annahme bestätigen, dass New Work tatsächlich nichts Besonderes ist, sondern einfach nur zwei Worte, die Teil eines ganz normalen Veränderungsprozesses sind. *Ein Veränderungsprozess, der immer von denselben Faktoren getrieben wird, der Technik, den Menschen, der Gier und der Macht.*

Ganze Branchen sind durch diese tiefgreifenden Veränderungen verschwunden, neue Industrien haben sich etabliert, Werte und Normen haben sich verändert, Arbeitsplätze sind weggefallen. Dafür ist Neues entstanden. Und nichts Anderes passiert jetzt auch.

Im nächsten Abschnitt erfahren Sie den Ursprung der beiden Worte „New" und „Work" und was die Welt der BeraterInnen daraus gemacht hat.

## 1.2   Das Versprechen der BeraterInnen

Zuerst waren es die Enthusiasten, die New Work glorifiziert haben und eine Arbeitswelt malten, die es nie geben wird. Sie redeten den Unternehmen ein, Purpose, Sinnstiftung, arbeiten, wann und wo man will, oder Holokratie erzeugen eine hohe Motivation verbunden mit einer verbesserten Effizienz.

Es war die Zeit der Kicker-Tische, Obstkörbe, Yoga im Büro und Feel-Good-Manager, die in den Firmen eine neue Arbeitswelt schaffen sollten. Eine Arbeitswelt, in der die MitarbeiterInnen sich im ständigen Wohlfühlmodus befinden.

Parallel wurde Agilität als New Work verkauft und Coaches, TrainerInnen und BeraterInnen versprachen den Unternehmensführern, dass mit Working out Loud (WOL), Scrum und Sprints selbstbestimmte Teams Kundenprojekte zukünftig effizienter und erfolgreicher bearbeiten. Vergessen wurde darüber nachzudenken, ob das Konzept Agilität überhaupt zur Organisation passt (Schermuly, 2020).

Positiv überrascht war ich, wie die Autoren Hofmann et al. (2019) vom Fraunhofer-Institut für Arbeitswirtschaft und Organisation New Work definieren:

„Unter New Work verstehen wir erwerbsorientierte Arbeit mit einer Arbeitsweise, die durch ein hohes Maß an Virtualisierung von Arbeitsmitteln, Vernetzung von Personen, Flexibilisierung von Arbeitsorten, -zeiten und -inhalten gekennzeichnet ist".

„Die digitale Transformation und der damit verbundene Innovationsdruck fordern und fördern zudem zunehmend agile, selbstorganisierte und hochgradig kundenorientierte Arbeitsprinzipien. Nicht nur das Wann und Wo der Arbeit, sondern auch der Modus der Zusammenarbeit mit Kollegen und Kunden ändern sich".

„In der Konsequenz verändern sich Anforderungen an Führungskräfte und Systeme weg von Hierarchien hin zu einem coachenden, lateralen und unterstützenden Führungsverständnis" (Hofmann et al., 2019). In dieser Aussage ist viel Wunschdenken drin und wird sich meines Erachtens in der Realität nicht durchsetzen. Ohne Zweifel, die Führungskultur wird sich verändern, allerdings ist nicht anzunehmen, dass alle MitarbeiterInnen oder Führungskräfte mental in der Lage sein werden, die beschriebenen Herausforderungen umzusetzen. Außerdem ist zu beachten, dass es immer eine Gruppe geben wird, die Veränderungen nicht wollen.

Einen ähnlichen Versuch, den ich in meiner Funktion als Human Resources Manager erlebt habe, gab es in den 90er-Jahren mit der Einführung von Lean-Management, wo Hierarchien abgebaut wurden, insbesondere das mittlere Management. Die Führungsaufgaben wurden dem Team übergeben mit dem Freiraum, die Arbeitsaufgaben selbst zu organisieren. Innerhalb kürzester Zeit bildete sich ein informeller Führer. Aus dem eliminierten Abteilungsleiter wurde dann ein Team- oder Gruppenleiter. **Das Konzept ist in fast allen Fällen gescheitert, da unterschätzt wird, dass Hierarchien auch entlasten können,** (Porschen-Hueck, 2019).

**New Work und die Realität**

Nachdem die erste Euphorie verflogen ist und die New-Work-TräumerInnen die harte Realität der Unternehmensführung erfahren haben, wird der neue Trend schnell wieder infrage gestellt und schleicht sich aus. Denn vieles, was die BeraterInnen den Firmen als neuen Wein verkauft haben, war tatsächlich nur alter Wein in neuen Schläuchen.

## 1.3   Die Gedanken von Frithjof Bergmann

Aber was ist denn nun New Work wirklich und wie hat alles angefangen? Entstanden ist der Begriff New Work während einer großen Rezession in den 1980er-Jahren in Flint, einem Ort in der Nähe von Detroit, wo die Hälfte der Einwohner, die in einem Automobilwerk gearbeitet haben, entlassen werden sollten. Frithjof Bergmann hörte von diesem Vorhaben und überlegte, wie man diese Massenentlassungen vermeiden könnte.

Die Idee von Bergmann war, allen Menschen Arbeit zu geben und schlug vor, jeder Beschäftigte verbringt 50 % seiner Zeit in Lohnarbeit und die anderen 50 % sollen sie das tun, was sie wirklich, wirklich gerne wollen (Bergmann, 2019, S. 2). Später hat er seine Gedanken etwa angepasst und vorgeschlagen, die Menschen sollten 1/3 ihrer Zeit im Lohnsystem arbeiten, 1/3 das tun, was sie wirklich tun möchten und den Rest der Zeit damit verbringen, ihre Produkte, die sie zum Leben brauchen, möglichst selbst herzustellen. Bergmann wollte das alte kapitalistische Lohnsystem abschaffen, in dem die Menschen ausgebeutet werden, wo sie stupide monotone Arbeiten ausführen müssen und entlassen werden, wenn es dem Unternehmen schlecht geht, ein System, das die Menschen krank macht. Bergmann wollte mit seiner Idee, die Menschen zum minimalistischen Konsum bewegen.

Basierend auf seinen Überlegungen formulierte er folgende Aussage für ein New Work:

„We should not serving work, but work should serve us. The work we do should not drain and exhaust us, it should give us more strength and more energy, it should develop us into fuller human beings" (Bergmann, 2019, S. 3)

„The aim of New Work is not to free people from work, but to transform work until work will create free human beings. Freedom through work is the goal to which we aspire" (Bergmann, 2019, S. 4).

Bergmann (2019, S. 138) hypothesierte ebenfalls einen neuen Typus von der Fabrik in der Zukunft:

„The ideal type of the factory of the future might be a shop or even a shed or a garage, in which one single machine that is more adaptable, more flexible, controlled by software that is far more advanced and that contains far more information will turn out sets of complete and finished parts"

Nicht unerwähnt lassen möchte ich eine weitere wichtige Aussage von Bergmann (2019, S. 147):

„The culture of most of the colossal companies, with their elaborate hierarchies, their stiff formalities, their awkward modes of communication and, as a result, their slow reaction times, demonstrably no longer fits the now prevailing tempo, but more than that, really the whole of the now existing business culture. They seem uncomfortable, old and out of breath."

Mit dieser Aussage bezog sich Bergmann auf die Automobilindustrie, die Stahl- und Ölindustrie. Er vertrat die Auffassung, dass sich zukünftig zwei verschiedene Technologiewelten am Markt platzieren werden und jede mit einer eigenen Kultur. Einmal die oben erwähnten Schwerindustrien und zum anderen die Computerindustrie, die Biotechnologie, die Softwareindustrie und die Chip-Herstellung, die eher einem Campus gleichen, mit einem hohen Anteil an Akademikern, einer offenen, agilen, schnellen und lässigen Unternehmenskultur.

Damit war der Grundstein gelegt für die Consultant-Branche, ihre eigenen Konzepte davon abzuleiten und sie als New Work den Unternehmen zu verkaufen. Glaubt man den Behauptungen von Bergmann, werden die „alten" Industrien ihre Arbeits- und Managementsysteme zwar anpassen, aber niemals eine New-Work-Kultur nach seiner Philosophie erreichen.

## 1.4   Warum es kein Weg zurück gibt

Ist es möglich, Veränderungen zu ignorieren? Einfach nichts tun und abwarten? So weitermachen wie bisher? Eine Entscheidung, die für viele Unternehmen bereits zum Verhängnis geworden ist und den Untergang bedeutet haben. Es gibt Firmen, die haben eine einzigartige Technologie, sind Marktführer oder haben ein außerordentlich gutes Produkt, führen ihr Unternehmen allerdings wie in den 90er-Jahren und arbeiten mit den vertrauten alten Management- und Arbeitssystemen. Das wird nicht lange gut gehen. Große Veränderungen können und dürfen weitsichtige Führungskräfte nicht ignorieren.

Zu den großen Veränderungen, die unser gesellschaftliches Leben wie auch unser Arbeitsleben verändert haben und weiter verändern werden, gehören die Digitalisierung, die Covid-Pandemie, die Veränderung unserer Gesellschaft, die Globalisierung und die neue Generation.

## 1.4.1   Die Digitalisierung

Die Digitalisierung kann zu Recht als der größte Beeinflusser der New-Work-Bewegung bezeichnet werden. Sie wird ganze Branchen verändern, neue Berufsbilder schaffen und unser Verhalten auf gesellschaftlicher Ebene wie auch auf der Arbeitsebene maßgeblich beeinflussen (Foerster-Metz et al., 2018, S. 6; Hackl et al., 2017, S. 17). Denken wir an unser Einkaufsverhalten, das sich verändert hat, unsere Freizeitaktivitäten, den Umgang mit Informationen, unsere Kommunikation, aber auch unsere Geldtransaktionen. Es sind neue Beschäftigungsverhältnisse entstanden, wie Click-Worker, Lieferdienste, Provider für Online-Shops, Influencer oder Provider für Geldtransaktionen (Hackl et al., 2017). Neue soziale Plattformen haben den Medienmarkt erobert, von denen wir im Minutentakt Informationen erhalten, die gelikt, geshared oder kommentiert werden. Es ist kaum noch möglich, echte Informationen von Fake-News zu unterscheiden.

Und das war erst der Anfang. Die Digitalisierung mit ihren Algorithmen wird in Zukunft unser Leben steuern und kontrollieren. Schon heute wissen die Algorithmen mehr über uns, als wir uns vorstellen können. Möglich ist, dass Algorithmen auf Basis unserer Lebensgewohnheiten ein Gesundheitsprofil von uns erstellen. Unsere Vorsorgeuntersuchungen organisieren und vielleicht wird sogar auf Basis unseres Gesundheitsprofils, unsere Krankenkassenbeiträge berechnen und automatisch weiterleiten.

Werden wir zukünftig in unserem Gehirn einen Mikrochip haben, der unsere Gedanken lesen kann und diese an einen Computer weitergibt (brain to computer)? Kann es sein, dass als Nächstes Rohstoffe, wie Wasser und Strom zentral gesteuert werden und je nach Haushaltsgröße eine Verteilung erfolgt? Oder stehen auf öffentlichen Plätzen in absehbarer Zukunft große Displays, die anzeigen, wieviel E-Autos oder selbstfahrende Transportmittel unterwegs sind und dass die E-Autos über eine Zentralversorgung automatisch mit erneuerbarer Energie versorgt werden (Hintermayer & Lau, 2021)? Ist dies Fiktion oder spiegelt es unsere Zukunft wieder?

**Von der Zukunft zurück in die Realität**

Auf der Unternehmensseite hat die Digitalisierung erfreulich viele positive Veränderungen sichtbar gemacht. Insbesondere in den Produktionsbereichen mit Umsetzung des Projektes Industrie 4.0, wo Maschinen und Einheiten vernetzt wurden. Hiermit wurde die Grundlage geschaffen, dass diese digital vernetzten Systeme, Informationen und Daten eigenständig liefern und als Entscheidungsgrundlage fungieren. In einem nächsten Schritt werden diese Systeme miteinander kommunizieren und selbstständig Entscheidungen treffen. Vielleicht tun sie es bereits und die Fabriken sind in der Lage, völlig autonom zu arbeiten.

Spannend wird die weitere Entwicklung für uns Menschen, wenn Maschinen mit ihrem Algorithmus uns das Denken abnehmen. Verkümmern wir dann zu Hilfsarbeiter oder Handlager von Robotern (Cappelli, 2020)?

Je mehr die Digitalisierung Fahrt aufnimmt und in Bereiche eindringt, die bisher weniger im Fokus standen, wie das Projekt-Management, das Qualitätswesen, Arbeitssicherheit, strategische Planung, Vertrieb und Marketing oder der HR-Bereich, je höher ist die Wahrscheinlichkeit, dass der neue Kollege oder die Kollegin eine Maschine sein kann. Nicht auszuschließen ist, dass nach einer Lernphase, wir von Maschinen Anweisungen erhalten und diese die Ausführung kontrollieren bis hin zum selbstständigen Abmahnen oder Kündigen, falls wir die Anweisungen nicht sorgfältig genug umgesetzt haben.

Neben all den positiven Aspekten, die die Digitalisierung mit sich bringt, wie beispielsweise eine höhere Mitarbeiterzufriedenheit oder autonomes Arbeiten (Cijan et al. 2019), dürfen die negativen Gesichtspunkte nicht ignoriert werden. Die Digitalisierung wird Mitarbeiter und Mitarbeiterinnen zwingen, ihr Arbeitsverhalten zu verändern, neue Kompetenzen zu lernen, Entscheidungen eigenverantwortlich und schnell zu treffen ohne Rücksichtnahme auf andere Prioritäten oder das Privatleben.

Das Risiko ist groß, dass Druck, Stress, Überforderung und Burn-out zunehmen und sich zum Dauerthema entwickeln. Es sind potentielle Risiken, die die weitere Digitalisierung ausbremsen kann. Delegieren Sie das Problem nicht einfach an HR. Es gehört in den Verantwortungsbereich Ihrer Führungskräfte.

## 1.4.2 Die Pandemie

Große Krisen sind immer der Auslöser für Veränderungen in einer Gesellschaft, insbesondere bezogen auf Werte und Normen. Ganz gleich, ob es sich um Naturkatastrophen handelt, Kriege, Epidemien oder Wirtschaftskrisen wie im Jahr 2008. Auch diesmal wird die Krise, verursacht durch die Covid-Pandemie, unsere Gesellschaft und unser Arbeitsleben verändern. Schonungslos wurde sichtbar, welche Schwächen unsere derzeitigen Arbeitssysteme haben. Schwächen in Bezug auf Führung, Kommunikation, IT und Infrastruktur und das Miteinander.

Die Pandemie hat die Menschen an ihre Belastungsgrenzen gebracht, verbunden mit negativen Emotionen. Kliniken berichten von Patienten mit komplexen Angststörungen, Stress, Burn-out, Angst sich anzustecken, Belastung oder Existenzängste (Endres et al., 2021). Ich bin fest davon überzeugt, dass diese negativen Gefühle noch lange in der Gefühlswelt verwurzelt bleiben. Betroffen sind nicht nur die Erwachsenen, sondern auch Kinder und Jugendliche, die in Kürze Teil unserer Arbeitswelt werden.

Neben den negativen Aspekten hat die Pandemie allerdings viele positive Veränderungen bewirkt:

- Geschäftsreisen wurden reduziert und durch Online-Konferenzen ersetzt.
- Kundenverhandlungen wurden virtuell durchgeführt.
- Endlos-Meetings wurden abgeschafft, wo persönliche Teilnahme eine Anweisung war.
- Home-Office war von heute auf morgen für alle Firmen machbar. Das wird sich auch nicht mehr umdrehen lassen.
- Führung und Zusammenarbeit auf Distanz war möglich.
- Die Führungskräfte haben gelernt, dass die Zeit der Schafe hüten vorbei ist und dass Remote Führen sich zum neuen „Normal" entwickelt.

- Die MitarbeiterInnen haben während der Pandemie bewiesen, wie schnell sie sich an veränderte Gegebenheiten anpassen können. Sie zeigten ein hohes Engagement und gutes Selbstmanagement.

Dieses Momentum darf nicht versanden. Die Unternehmen werden nun aufgefordert, mit alten Traditionen zu brechen und das, was sich während der Pandemie bewährt hat, zusammen mit ihren MitarbeiterInnen weiterzudenken. Ein bisschen Home-Office anzubieten, ist zu wenig.

### 1.4.3  Die Veränderung unserer Gesellschaft

Die Veränderung unserer Gesellschaft ist ein weiterer Katalysator für die New-Work-Bewegung. Die Literaturrecherche hat gezeigt, dass die meisten Autoren den demografischen Wandel (Hackl et al., 2017) damit assoziieren, auf den ich allerdings an dieser Stelle nicht näher eingehen werde. Das Thema ist weitaus komplexer.

Schon seit Jahren ist erkennbar, dass unsere Gesellschaft in einer Identitätskrise steckt. In einem Artikel der Zeitschrift Welt schreibt Lauer (2021) über die Erkenntnisse des Sinus Instituts, die sie über die deutsche Mitte gewonnen haben. Das Sinus-Institut beschäftigt sich seit vielen Jahren mit der Gesellschaftsstruktur in verschiedenen Ländern und teilt Menschen mit gleichen Gewohnheiten, Werthaltungen, Lebensauffassungen und Lebensstile in sogenannte Milieus. Für Deutschland wurden zehn verschiedene Milieus definiert, die in drei sozialen Schichten gruppiert wurden (sinus-institut.de).

In dem veröffentlichten Artikel von Lauer (2021) wird das Ende der bürgerlichen Mitte prophezeit. Das sind die Normalbürger, die stets die typischen deutschen Tugenden und Werte wie Fleiß, Disziplin, Respekt, Anstand, Gehorsam befolgt haben. Diese Menschen verstehen die neue Weltordnung nicht mehr, wo über Diversität, Nachhaltigkeit, Klimaschutz, oder veganes Essen debattiert wird. Diese Mittelschicht hat sich in eine Nische zurückgezogen. Die Forscher fanden heraus, dass sich zwei neue Milieus gebildet haben, zum einen die Neo-Ökologischen. Es sind junge Leute aus der Mittelschicht, die nachhaltig leben, soweit sie es sich leisten können – und in die Politik gehen, um dort die großen Probleme der Zeit anzupacken: Klimakrise, Flucht, die Kluft zwischen Arm und Reich. Nach Auffassung von Dr. Silke Borgstedt, Geschäftsführerin des Sinus Instituts, wolle diese Gruppe das System von innen heraus verändern (Lauer, 2021). Die andere Gruppe ist das postmaterielle Leitmilieu. Sie gehören zur Oberschicht, sind gut gebildet, leben und pflegen einen guten Lifestyle und sehen sich als gesellschaftliches Korrektiv, das zu klimabewusstem Verhalten aufruft (Lauer, 2021). Interessant wäre zu erfahren, ob die Milieus generationsspezifisch sind oder generationsübergreifend.

Einen weiteren Beweis über den Wandel in unserer Gesellschaft liefert eine Analyse des Instituts für Demoskopie in Allensbach (Pawlik, 2022), das herausgefunden hat, dass in Deutschland die Anzahl der Vegetarier im Jahr 2022 um eine halbe Million Personen zugenommen haben, gegenüber dem Vorjahr. Zudem hat eine Befragung zu Nachhaltigkeit ergeben (de Sombre, 2021), dass 48 % der Bevölkerung grundsätzlich bereit wären, ihre Ernährung für den Klimaschutz umzustellen.

Aus Abb. 1.1 ist deutlich zu erkennen, dass weite Teile der Bevölkerung bereit sind, ihre Ernährung zum Wohle des Klimaschutzes umzustellen. Allerdings geht die Bereitschaft der Menschen nicht so weit, ganz auf tierische Produkte zu verzichten. Die Grafik bestätigt hingegen die Annahme, dass ein Umdenken in der Bevölkerung stattgefunden hat. Ein Umdenken zum nachhaltigen Leben zum Schutz des Tierwohls und zum Schutz der Umwelt.

## 1.4.4  Die Globalisierung und New Work

Uneinig ist die Literatur in der präzisen Bestimmung, wie alt die Globalisierung tatsächlich ist. Bereits im 18. Jahrhundert, mit Beginn der zweiten industriellen Revolution, wurden Waren und Güter hin und her transportiert.

In den 90er-Jahren waren Wirtschaftsunternehmen gezwungen, durch den erhöhten Wettbewerb aus dem Ausland, ihre Produkte in den sogenannten Niedriglohnländern herstellen zu lassen. Dieser Faktor wird in diesem Kapitel nicht Gegenstand der Diskussion, sondern warum die Globalisierung mehr und mehr eine neue Arbeitswelt formen wird. In

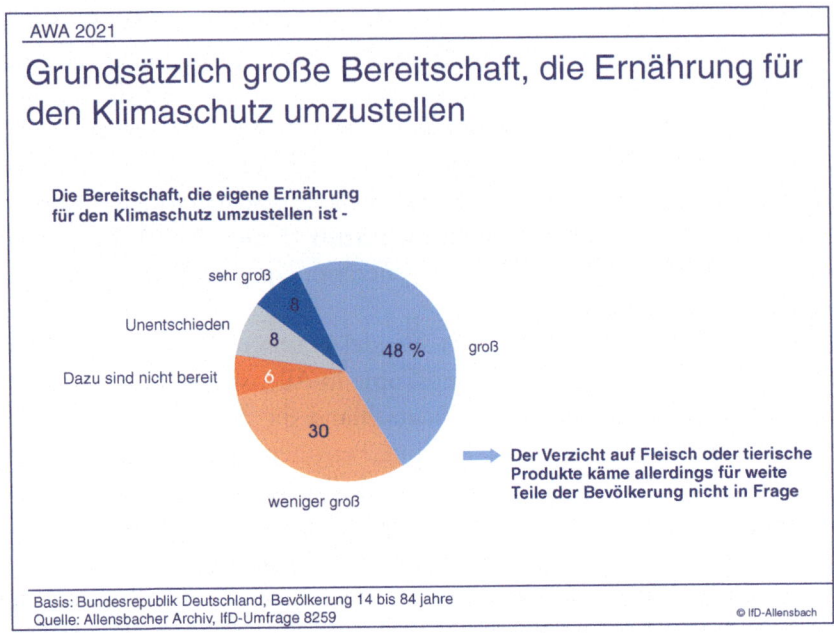

**Abb. 1.1** Bereitschaft der Bevölkerung, die Ernährung umzustellen

diesem Zusammenhang werden Themen wie **Mobilität, globale Epidemien** und Krisen, **Migration** und **Innovation** kritisch diskutiert.

**Die Mobilität** ist gestiegen; besonders bei der jungen Generation mit einem hohen Bildungsgrad in Süd- und Ost-Europa (debatingeurope.eu, 2019). Sie können es sich aussuchen, wo sie arbeiten. Denn das Zu- und Abwandern in andere Länder ist einfacher geworden.

Das Statistische Bundesamt (destatis.de, 2022) zeigt für das Jahr 2021 eine Zuwanderung von 1.323.000 ausländischen Personen und eine Abwanderung von 966.000 Menschen ohne deutsche Staatszugehörigkeit. Der größte Anteil der Zuwanderungen kommt aus Asien und Europa. Aus Europa verteilt sich der Wanderungsüberschuss auf die Staaten Rumänien, Türkei und Bulgarien. Unter den asiatischen Staaten waren es ausländische Personen aus Syrien und Afghanistan. Deutsche Staatsbürger bevorzugen Länder wie die Schweiz, Österreich und die

USA. Diese Entwicklung wird aufgrund der geopolitischen Lage in den nächsten Jahren ein völlig anderes Bild aufzeigen. Schon heute werden Stimmen laut, die fehlenden Facharbeiter durch mehr Zuwanderungen auszugleichen mit der Folge, dass nicht nur unsere Gesellschaft an Diversität zunimmt, sondern auch die Mitarbeiterstruktur in den Unternehmen.

**Globale Epidemien, Krisen** oder **Naturkatastrophen** werden in immer kürzeren Abständen zur neuen Normalität. Unternehmen müssen sich darauf vorbereiten und vorausschauend agieren, anstelle panikartig auf jede Krise zu reagieren.

Die Etablierung eines strategischen Riskmanagements mit einem festen Krisenstab, der permanent die geopolitische Lage analysiert sowie Szenarien entwickelt mit entsprechenden Notfallplänen könnte ein erster Schritt sein, sich auf die verschiedensten Vorkommnisse vorzubereiten. Ferner erscheint es sinnvoll, wenn Firmen Krisen regelmäßig trainieren und Krisenmanagement das interne Kompetenzprofil der ManagerInnen abrunden.

---

**Fragen**

Strategisches Krisenmanagement, nicht zu verwechseln mit Trouble-Shooting, als neue Anforderung für Führungskräfte?

---

Das Thema **Migration** und **Mobilität** als Folge der Globalisierung bekommt auf der soziokulturellen Ebene einen hohen Stellenwert. Viele Führungskräfte, besonders in traditionellen mittelständischen Unternehmen, sind auf die zunehmende Vielfalt im Unternehmen emotional nicht vorbereitet. Genauso wenig wie manche MitarbeiterInnen. Waren es bisher überwiegend Menschen aus europäischen Ländern, die die Mitarbeiterstruktur vielfältiger machten, werden es zukünftig Menschen aus Kulturen sein, die völlig andere Lebensgewohnheiten haben. Personen, die aus Krisenländer kommen, einer uns fremden Religion angehören, die andere Essensgewohnheiten haben, Menschen, die es nicht gewohnt sind, um 9:00 Uhr Frühstückspause zu machen oder Punkt 12:00 Uhr zum Mittagessen zu gehen. Es sind Menschen, die eine andere Einstellung zur Arbeit haben.

### 1.4.5   Die Millennials und die Generation Selfie

Im Jahr 2025 werden 75 % der Belegschaft die „Millennials" ausmachen, gefolgt von der Generation Z. Diese neue Generation wird die Arbeitswelt drastisch verändern und sie werden ihre Wertvorstellungen bei den Unternehmen ohne Rücksicht einfordern, was die vorherigen Generationen nie konnten.

Und dabei geht es um mehr als nur „Home-Office" und flexibles Arbeiten. Es geht um die Art und Weise, wie im Unternehmen gearbeitet und geführt wird. Es geht um Führungs- und Unternehmenskultur. Die junge Generation wird auch keine emotionale Bindung zu Unternehmen aufbauen, wie es früher üblich war. Wenn ihre Wertvorstellungen nicht erfüllt werden, werden sie gehen, ohne Wenn und Aber. Wissenschaftliche Untersuchungen haben sich in den vergangenen Jahren verstärkt damit beschäftigt herauszufinden, wie die Generation Z und Y wirklich ticken. Die Forscher interessierten sich primär für die präferierten Arbeitspraktiken, die Charaktereigenschaften, die Erwartungen an Arbeitgeber, aber auch, welche Schwächen diese Generationen aufzeigen. Um das herauszufinden, wurden die Befragten in Alterskohorten kategorisiert, was nicht unumstritten ist und immer wieder zu Diskussionen führt bis hin zur Negierung von Untersuchungsergebnissen. Dennoch ist es in der Wissenschaft eine übliche und anerkannte Vorgehensweise und die durchgeführten Analysen geben immer einen guten Einblick in die Besonderheiten von generationsspezifischen Clustern. Die qualitative Untersuchung beispielsweise von Paina-Racolat und Irini (2021) legte offen, dass sich die Generation Z dynamisch, offen, kreativ, innovativ, involviert, tolerant, emotional, intelligent, sozial verantwortlich und individualistisch zeigt. Allerdings kamen die Interviewer einstimmig zu der Überzeugung, dass die Generation Z sehr von sich überzeugt ist, einschließlich überzogenen Gehaltsvorstellungen, obwohl sie keinerlei berufliche Erfahrungen mit sich bringen. Interessant sind die Forderungen der Befragten nach kontinuierlicher Weiterbildung durch interne oder externe Trainingsprogramme.

Zu einem ähnlichen Ergebnis kommen die Autoren Gaidhani et al. im Jahre 2019, die einen wissenschaftlichen Artikel veröffentlichten, in dem sie verschiedene empirische Untersuchungen zu den Charaktereigenschaften und den Präferenzen der Generation Z im Vergleich zur Generation Y (Millennials) aufzeigten. Es würde dieses Kapitel sprengen, alle Ergebnisse hier im Detail zu wiederholen. Daher beschränke ich mich auf die wesentlichen Erkenntnisse.

Die Generation Z wird beschrieben als technologisch anspruchsvoll, zeigt eine hohe Toleranz für ethnologische Gruppen, sind sehr besorgt um unseren Planeten, zeigen ein hohes unternehmerisches Verständnis, sind hochintelligent, vertrauensvoll, tolerant und weniger durch Geld zu motivieren als die Generation Y. Auf der negativen Seite wurden Attribute attestiert wie ungeduldig, wenig ambitioniert, individualistisch, materialistisch und fordernd. Ihnen fehlen die Fähigkeiten, Probleme systematisch zu analysieren, zu lösen und umzusetzen (Gaidhani et al., 2019). Dies kann ein Beweis sein für die hohe Affinität nach Weiterbildung. Vom Arbeitsplatz erwarten sie eine erstklassige technische Ausstattung mit modernen Gadgets, persönliche Freiheiten, Flexibilität, eingebunden zu werden und eigenständiges Arbeiten. Sie möchten, dass ihre Ideen ernst genommen werden, sie erwarten sinnhafte Aufgaben und wünschen sich eine Führungskraft, die ehrlich und integer ist.

Interessant sind die Annahmen der Autoren, dass die Generation Z rasch die Führung über die Generation Y übernehmen wird und ihnen Anweisungen erteilt (Gaidhani et al., 2019). Ob sich das die KollegInnen X und Y gefallen lassen, bleibt abzuwarten.

Ein anderes Naturell zeigt die Generation Y. Sie wird beschrieben als eine Gruppe, die geprägt ist von einer guten Work-Life-Balance Mentalität, Wert darauf legt, pünktlich nach Hause zu gehen, sie scheuen Konflikte, können mit Vorgesetzten Kritik nicht gut umgehen und haben keine Lust auf Führung. Ihnen wird fehlende Leidenschaft attestiert und der Mut, das zu tun, was sie tun möchten. Dieser Generation wurde gelehrt, wie man eine Prüfung gut besteht, aber niemals, wie man herausfindet, was man gerne tun möchte (Gaidhani et al., 2019). Die Autoren gehen sogar so weit und behaupten, dass die Generation Y zwar viel über sinnstiftende Arbeit geredet haben, ohne es jemals im Unternehmen umzusetzen, was die Generation Z definitiv machen wird. Dafür besitzen die Y'ler die besten Fähigkeiten schriftlich zu kommunizieren, die es je gegeben hat, was allerdings zukünftig keine Relevanz mehr haben wird, denn die Z'ler sind es gewohnt, ausschließlich online zu kommunizieren.

Es gibt noch sehr viele interessante Unterschiede zwischen den einzelnen Generationen, die die Wissenschaft transparent gemacht hat, alle aufzuzählen würde jedoch an dieser Stelle den Rahmen sprengen. Derzeit sitzt die Generation Y im Driver-Seat und stellt ihre Forderungen. Kommen allerdings die Z'ler verstärkt in die Unternehmen, werden sich zunehmend gravierende Veränderungen bemerkbar machen.

> Unternehmen sollten sich unbedingt mit den Charaktereigenschaften und Präferenzen der in Zukunft dominierenden Generationen auseinandersetzen.

Wie bereits oben erwähnt, gibt es genügend Kritiker, die behaupten, es bestehen zwischen den einzelnen Generationen keine Unterschiede, sondern Charaktereigenschaften, die für alle Generationen gleich sind, was nicht falsch ist. Es kommt immer auf die Art der Fragen an und zweitens, ob es sich um eine einfache Befragung handelt oder um eine wissenschaftliche Langzeitstudie mit Gruppenvergleiche, durchgeführt von einem erfahrenen GenerationsforscherIn.

## 1.5 Die Erneuerung der alten Arbeits- und Managementsysteme sowie HRM-System – ein muss

Im Zusammenhang mit Diskussionen über New Work wird in den Medien immer wieder darauf hingewiesen, dass die alten Arbeits- und Managementsysteme nicht mehr in die neue Arbeitswelt passen, ohne konkret zu werden oder detailliert aufzuzeigen, was und warum die heutigen Systeme nicht mehr wirksam sind. Die nachfolgenden Abschnitte haben das Ziel, etwas Licht ins Dunkle zu bringen.

### Die Managementsysteme

„Ein Managementsystem bezeichnet die Art und Weise, wie Organisationen sich in ihren Strukturen und Abläufen selbst organisieren, um systematisch zu handeln und geplante Ergebnisse zu erreichen. Sie basieren auf strukturierten und optimierten Prozessen, steuern diese und begründen die fortlaufende, systematische Verbesserung der Organisation, um die geplanten Ziele zu erreichen" (dqsglobal.com (o. J.)). Managementsysteme helfen, komplexe Strukturen zu verstehen und zu organisieren.

Die bekanntesten Managementsysteme sind:

- Qualitätsmanagement
- Riskmanagement
- Arbeitssicherheit
- Energiemanagement
- Lieferantensysteme
- Produkt-Entwicklung
- Produktionsmanagement
- Projektmanagement
- Umweltmanagement

Die meisten dieser genannten Managementsysteme stammen aus den frühen 90er-Jahren und wurden entwickelt als der Markt, die Umsätze, der Profit, die Produktion, Prozesse und Abläufe über lange Zeit stabil waren. Es bestand kein wirtschaftlicher Druck, etwas zu verändern, was sich in den nachfolgenden Jahren durch den zunehmenden globalen Wettbewerb schlagartig veränderte.

Mit Einführung von Lean-Management kam Bewegung in die alten Strukturen. Prozesse und Abläufe wurden standardisiert. Die Wertschöpfung wurde erhöht durch das Eliminieren von Verschwendungen, Continous-Improvement-Aktionen, Kanban, KPIs, Just-in-time Fertigung, Verbesserungsvorschlagswesen und die Einführung eines Qualitätsmanagements. Der Arbeit- und Umweltschutz bekam einen hohen Stellenwert, um die Ausfalltage durch berufsbedingte Unfälle zu reduzieren. Die Zyklen der Produkt-Entwicklung wurden zwar verkürzt, führten allerdings oft nicht zu einer besseren Kundenzufriedenheit. Alles Maßnahmen mit einem einzigen Ziel: Gewinnmaximierung. Gewinnmaximierung auf Kosten der Menschen, der Gesellschaft und der Umwelt.

In Zukunft werden der Einsatz von Robotern und künstlicher Intelligenz dazu beitragen, dass Prozesse und Wertschöpfungsketten weiter optimiert werden. Darüber hinaus, den Energieverbrauch optimieren, in dem eine smarte Software, selbstständig nach kostengünstigen alternativen Quellen sucht und gleichzeitig die Einhaltung der Umwelt- und Klimaziele überwacht.

Überwachungsarbeiten, Kontrolltätigkeiten oder Routinearbeiten, die nach einem strukturierten Protokoll durchgeführt werden, eignen sich hervorragend, diese ebenfalls an intelligente Maschinen zu übertragen. Außerdem Design- und Entwicklungsarbeiten, Gebäudeeinrichtungen, Security oder Fertigungsstätten, die mit 3D-Techniken oder durch (AR) Augment Reality, eine virtuelle Welt mit interaktiven Erlebnissen entstehen lassen, in der Projekte zum Leben erweckt werden.

**Fragen**

Werden in der neuen Arbeitswelt noch Menschen benötigt, die die Managementsysteme befriedigen oder eher umgekehrt?

### Die Arbeitssysteme

„**Arbeitssysteme** dienen der Erfüllung von Arbeitsaufgaben; hierbei wirken Menschen und Arbeitsmittel beziehungsweise Betriebsmittel mit der Eingabe unter Umwelteinflüssen zusammen" (REFA Verband für Arbeitsstudien, 1991). Betrachtet man diese Aussagen im Detail, werden vom REFA-Verband folgende Elemente darunter verstanden:

- Arbeitsaufgabe (Stellenbezeichnung)
- Eingabe (Informationen, Daten, Unterlagen)
- Ausgabe (Ergebnis)
- Arbeits- und Betriebsmittel (die benötigt werden, um die Arbeitsaufgabe auszufüllen)
- Umwelteinflüsse (Luft, Klima, Staub, Lärm, Beleuchtung)
- Arbeitsablauf (räumlicher und zeitlicher Ablauf von Betriebsmitteln)

Alle genannten Elemente gehören in die Arbeitswelt von gestern und erfordern eine Komplettsanierung. Denken wir an das Thema Stellenbezeichnung und Stellenbeschreibung. Wurden sie einmal erstellt, waren sie mehr oder weniger in Stein und Meißel gehauen und durften nur bei größeren organisatorischen Veränderungen erneuert werden, was verbunden war mit viel Bürokratie. In der neuen, modernen, digitalen Arbeitswelt, die geprägt sein wird von Dynamik, Innovation und Schnelligkeit, haben die alten starren Arbeitssysteme keinen Platz mehr. Hierarchiefreie Kompetenzmodelle mit klaren Zielsetzungen werden die traditionellen Aufgabenbeschreibungen ablösen. Entweder für eine bestimmte Funktion, für kurzfristige Projekte, für eine Führungsaufgabe, oder für komplexe funktionsübergreifende Aufgaben, wo interne und externe Projektmitglieder als Crowd zusammenarbeiten. Lawler bezeichnet diese neue Form von Arbeit als activity based work (Lawler III et al., 2011).

Des Weiteren sind Lawler und sein Team der Auffassung, dass die zukünftigen Arbeitssysteme in der Lage sein müssen, die Zusammenarbeit, Innovation, Effizienz und die Umsetzung von Aufgaben zu unterstützen. Die Autoren gehen sogar so weit, dass sie die These aufstellen, dass MitarbeiterInnen kein Problem damit haben werden, in dynamischen Strukturen zu arbeiten, ohne festen Job und ohne das typische Vorgesetzten-Mitarbeiter-Verhältnis. **Sie fragen nur noch: „What needs to get done?"**

Damit dies reibungslos funktionieren kann, ist ein entsprechendes Arbeitsumfeld zu schaffen, mit modernen mobilen Arbeitsmitteln wie Smartphone, iPod, Tablet, Collaboration-Tools, Laptop, Internetverbindung, WLAN, diverse Apps, Chat-Rooms, die den MitarbeiterInnen uneingeschränkt zur Verfügung stehen und ihnen ermöglichen, jederzeit Zugang zu Daten und Information zu haben, um an jedem beliebigen Ort Daten und Informationen online und offline auszutauschen.

## Das HRM-System

Arbeitssysteme sind eine Teilmenge von dem wohl wichtigsten System: das HRM (Human Resource Management System). Es spielt eine entscheidende Rolle für eine gesunde Unternehmenskultur (healthy organization). Kleine Anmerkung: Der englischen Begriffe gefällt mir wesentlich besser als die deutsche Übersetzung: gesundes Unternehmen.

HRM-Systeme (nicht zu verwechseln mit HR-Software-Lösungen) und Praktiken können einen Transformationsprozess positiv unterstützen, blockieren oder verhindern. Mehr noch, es kann das Wertesystem der MitarbeiterInnen unterminieren, was sich wiederum auf das Verhalten und die Arbeitseinstellung auswirkt, positiv wie negativ. Hinzu kommt, dass Gewerkschaften, Betriebsräte und Arbeitsgesetze einen großen Einfluss haben auf die Gestaltung der HR-Praktiken und Systeme und oft im Widerspruch zu den gewünschten Neuerungen stehen. Mit Sicherheit einer der vielen Gründe, dass bis heute die unflexiblen Klassiker wie Personalbeschaffung und -auswahl, Personalentwicklung, Personalcontrolling oder Entlohnungsgrundsätze, ein Human Resource Management System postulieren. Meines Erachtens muss dieses Inventar erneuert werden – wie es gestaltet sein könnte, zeigt Abb. 1.2.

Auf der linken Seite sind die bekannten Elemente eines traditionellen HRM-Systems abgebildet, die auf den Shareholder-Value-Ansatz ausgerichtet sind, um Effizienz und Produktivität zu erhöhen sowie Kosten zu reduzieren. Das zukünftige HRM-Modell auf der rechten Seite der Abbildung verfolgt sowohl den Shareholder-Value-Ansatz als auch den Stakeholder-Value-Ansatz. Das bedeutet, dass die konzipierten Elemente, die

## Human Resource Management Systeme

| Das klassische HRM System | Das zukünftige HRM System |
|---|---|
| Personalbeschaffung, -auswahl und Sozialisierung | HR Strategie |
| Personalentwicklung | Personalpolitik |
| Personalcontrolling | Programme |
| Beurteilungen | Prozessbeschreibungen |
| Planung | Analysen |
| Entlohnungsgrundsätze | |
| Kommunikation | |

**Abb. 1.2** Das klassische HRM-System vs. das zukünftige HRM-System. (Quelle: Eigene Grafik)

Ansprüche aus den verschiedenen Zielgruppen befriedigen muss (Schuler & Jackson, 2014). Des Weiteren ist darauf zu achten, dass die Komponenten jederzeit schnell und unbürokratisch angepasst werden können.

## Beschreibung der Komponenten des zukünftigen HRM-Systems
### HR-Strategie:
Unter dieser Überschrift wird ein Zustand beschrieben, der mit dem HRM-System erreicht werden soll.

### Personalpolitik:
Von der HR-Strategie leitet sich die Personalpolitik ab, in der die strategischen Grundlagen festgelegt werden für die Personalbeschaffung, -auswahl, Entlohnung, Personalentwicklung, Arbeitsplatzgestaltung, Unternehmenskultur, Führungskultur sowie Mitarbeiter-Performance. Immer mit dem Blick auf ein messbares Ergebnis.

### Programme
Programme orientieren sich am Business-Life-Cycle und sind erforderlich, um die Personalpolitik zu erreichen z. B. durch Remote-Arbeiten, Kompetenzmodelle, Lernplattformen, Beurteilungen, Onboarding, Bonus-Programme, Sozialplan, Belohnungen, Diversität und Inklusion erhöhen etc.

### Prozesse
Prozesse beschreiben die Interaktion zwischen Input und Output. Wer macht was bis wann und wer ist der Nutzer respektive Kunde?

### Analysen
Hier geht es darum zu definieren, welche Daten, Fakten, Informationen zu welchem Zeitpunkt erhoben werden müssen, um Störfelder in der Organisation aufzudecken.

Der Personalbereich spielt bei der Konzipierung und Implementierung der Komponenten eine zentrale Rolle. Voraussetzung für das Gelingen sind eine robuste HR-Struktur sowie kompetente und lernwillige MitarbeiterInnen.

# 1.6    Herausforderungen für Unternehmen

Die Herausforderungen für Unternehmen sind groß. Der Weg wird steinig und die Transformation kostet Zeit und Ressourcen. Viele Unternehmen, insbesondere kleine mittelständische Unternehmen, werden an ihre Grenzen kommen und Unterstützung benötigen.

Es ist nicht nur der Kunde mit seinen neuen Anforderungen, auf die reagiert werden muss, es ist das Lieferkettengesetz, neue Compliance-Regeln, die Glokalisierung und es sind Themen wie Fachkräftemangel, Nachhaltigkeit, Klima- und Umweltschutz, die Unternehmensführer „atemlos" machen. Hinzu kommt die Digitalisierung, die in der Organisation weitergetrieben werden muss. Damit verbunden sind die Anpassung der Prozesse, Verhaltensänderungen, Anpassen von Arbeits- und Managementsysteme sowie das HRM-System.

Auf die Tagesordnung gehören die Entwicklung von hybriden Arbeits- und Arbeitszeitmodelle, die Vereinbarung von Spielregeln für Remote-Arbeiten und Remote-Führen, die intensive Auseinandersetzung mit der gesellschaftlichen Veränderung, das Wissen um die Charaktereigenschaften der verschiedenen Generationen und den möglichen Folgen für die Organisation. Es geht darum, die Stimmung in der Organisation zu kennen, die Bereitschaft der Menschen zu gewinnen, Veränderungen zu unterstützen, das Mitarbeiter-Engagement, das Führungsverhalten und das Miteinander systematisch und zeitnah im Auge zu haben.

Es müssen Antworten gefunden werden auf:

- die zunehmende Mobilität der Menschen,
- die Veränderungen durch die Digitalisierung,
- nächste Stufen der Digitalisierung und Einsatz von Künstlicher Intelligenz,
- Lieferkettengesetz,
- die Zunahme von Krisen, Epidemien, Umweltkatastrophen,
- das Thema Diversität und Inklusion sowie
- die Schaffung einer Innovationskultur.

Jedes Unternehmen wird mit den Herausforderungen anders umgehen und seinen eigenen Weg in die neue Arbeitswelt finden. Ein Blueprint gibt es nicht. Zu unterschiedlich sind die Branchen, ihre Herkunft und ihre Zukunft. New Work kann man auch nicht einführen, wie eine neue Software, eine Strategie oder ein neues Produkt. Es ist ein Lernprozess für das Unternehmen, MitarbeiterInnen und Führungskräfte. Es wird Hindernisse geben, wie in jedem Veränderungsprozess, die gilt es im Vorfeld zu antizipieren. Aus Erfahrung sind es die Führungskräfte, die oftmals organisatorische Neuerungen blockieren. Einfach durch Nichtstun oder abwarten. Lassen Sie das nicht zu. Kommunizieren Sie offen mit Ihrem Managementteam über deren zukünftige Führungsrolle, einmal im Team, anschließend in einem persönlichen Gespräch. Bieten Sie Ihren ManagerInnen die Möglichkeit, eine aktive Rolle in diesem Transformationsprozess zu spielen oder erarbeiten Sie gemeinsam eine persönliche Exit -Strategie. Jeder muss sich ernst genommen fühlen. Einschneidende Veränderungen erfordern eine gute und regelmäßige persönliche Kommunikation. Laden Sie Ihre Führungskräfte und MitarbeiterInnen ein mitzumachen, eine Arbeitswelt zu kreieren, die für sie stimmig ist. Eine Arbeitswelt, die sie Freunden und Bekannten empfehlen.

## 1.7    Die neue Arbeitswelt

Es wird viel spekuliert über die neue Arbeitswelt. Präzise Vorhersagen sind nicht möglich. Es können nur Annahmen getroffen werden, wie unsere Arbeitswelt im Jahr 2030 oder 2040 aussehen wird. Die Autoren Hackl et al. (2017) beschreiben sehr realistisch wichtige Eckpunkte, die die zukünftige Arbeitswelt prägen werden. Allerdings werden aus meiner Sicht die Dimensionen „People", „Planet", „Profit" eine dominierende Rolle spielen. Die traditionellen Arbeitsverhältnisse, Arbeitszeiten und Arbeitsorte werden für die zukünftigen Generationen an Bedeutung verlieren. Der Trend geht hin zu hybriden Arbeitsformen. Materielle Sicherheit auf der einen Seite, verbunden mit einem hohen Anteil an Freiheit und Flexibilität. MitarbeiterInnen werden vermehrt in agilen Projektteams arbeiten, in denen sie ihre Fähigkeiten und Kenntnisse anwenden. Projektergebnisse könnten am Ende digital mit einem 360-Grad-

Feedback bewertet werden, wo die Teammitglieder persönliches Feedback erhalten und individuelle Lernmöglichkeiten aufgezeigt bekommen.

Die Unternehmen werden zu Lernzentren und Kommunikationstreffpunkten. Der Einsatz von smarter Technologie wird dafür sorgen, dass MitarbeiterInnen ideale Arbeitsbedingungen vorfinden. Arbeitsbedingungen, die zu mehr Effizienz und Produktivität führen, weil es ein Ort sein wird, wo die MitarbeiterInnen gerne hingehen. Digitale Lernplattformen, virtuelle Realität und soziales Lernen schaffen eine neue Lernkultur, in der jeder MitarbeiterIn die Möglichkeit bekommt, sich weiterzubilden (s. van Dam, 2022).

Die klassische Vorgesetztenfunktion wird in einigen Bereichen auf Dauer wegfallen, was aber nicht bedeutet, dass es in Zukunft keine Führungskräfte mehr geben wird. Das lässt schon die deutsche Gesetzgebung nicht zu. Vorstellbar ist, dass Führungskräfte sich in Zukunft über Projekte definieren, wo weitreichende Entscheidungen über Kosten und Ressourcen zu treffen sind (Frischmuth, 2021).

## 1.8    Fazit: Es gibt kein Weg zurück

In diesem ersten Kapitel wurde aufgezeigt, dass New Work Teil eines ganz normalen Veränderungsprozesses ist. Ein Veränderungsprozess, der vieles auf den Kopf gestellt hat und noch stellen wird. Es wurde kritisch diskutiert, wie BeraterInnen, TrainerInnen und Coaches „New Work" für sich definierten und den Unternehmen Konzepte als Heilsbringer verkauft haben, ohne die Besonderheiten von Organisation zu beachten. Oft wurde eine Arbeitswelt kreiert, die die MitarbeiterInnen im ständigen Wohlfühlmodus versetzen sollen. Außer Acht gelassen wurde dabei eine wichtige Aussage von Frithjof Bergmann, dass durch New Work, die Unternehmen effizienter werden sollen und, dass das Ziel von New Work nicht ist, die MitarbeiterInnen von der Arbeit zu befreien, sondern die Arbeit anders zu gestalten.

Warum es kein Weg zurück gibt, wird deutlich durch die Treiber der New-Work-Bewegung: die Digitalisierung, die Covid-Pandemie, die Veränderung unserer Gesellschaft, die Globalisierung und die neue Generation. Sie sind die Katalysatoren, die unsere Arbeitswelt in den nächsten

Jahren bedeutend verändern werden. Dieser tiefgreifende Wandel wird alle Unternehmen treffen. Manche werden die Transformation erfolgreich meistern, andere nicht, weil sie die notwendigen Ressourcen nicht aufbringen können oder nicht die Notwendigkeit sehen, sich den Herausforderungen zu stellen. Eine besonders anspruchsvolle Aufgabe, die Unternehmen zu bewältigen haben, sind die Anpassung der bestehenden Management- und Arbeitssysteme. Es müssen wichtige Entscheidungen getroffen werden darüber, was kann bleiben, was muss weg, was muss neu konzipiert werden. Eine strategische Aufgabe, bei der HR eine wichtige Funktion übernehmen muss.

## Literatur

Alexander, R. (2021). de1.warbletoncouncil.org. https://de1.warbletoncouncil.org/inventos-segunda-revolucion-industrial-11019. Zugegriffen am 2022.

Bergmann, F. (2019). *New work new culture* (Hampshire S024 9EE, UK). John Hunt Publishing Ltd.

Cappelli, P. (2020). Mitarbeiter sind keine Maschine. *Harvard business manager, Dezember 2020*. Die New-Work-Lüge

Cijan, A., Jenic, L., Lamovsek, A., & Stemberger, J. (2019). How digitalization changes the workplace. *Dynamic Relationships Management Journal, 8*(1), 3–12

Cremer, R. (2006). *Die sogenannte „Zweite Industrielle Revolution" in Deutschland* (1. Ausg.). Grin.

van Dam, P. D. (2022). *Learning & Development im 21. Jahrhundert, Trends & Best Practices* (1. Aufl.). Bookboon.

debatingeurope.eu. (2019). https://www.debatingeurope.eu/de/2019/05/06/wie-halten-wir-junge-europaeer-vom-auswandern-ab/#.Y4iYzhSZNGM. Zugegriffen am 2023.

destatis.de. (2022). https://www.destatis.de/DE/Presse/Pressemitteilungen/2022/06/PD22_268_12411.html. Zugegriffen am 2023.

dqsglobal.com. (o. J.). https://www.dqsglobal.com/de-de/ueber-uns/zertifizierung/systemzertifizierung/managementsystem. Zugegriffen am 2022.

Endres, H., Hoffmann, M., Kaufmann, M., Knödler, J., Peters, C., & Rainer, A. (2021). Wie uns das Home-Office kaputt macht. *manager magazin*.

Foerster-Metz, U. S., Marquardt, K., Golowko, N., Kompalla, A., & Hell, C. (2018). Digital transformation and its implications on organizational behavior. *Journal of EU Research in Business, 2018,* 1–14. https://doi.org/10.5171/2018-340873

Frischmuth, C. (2021). *New Work Bullshit – was wirklich zählt in der Arbeitswelt.* FAZIT Communication GmbH Frankfurter Allgemeine Buch.

Gaidhani, S., Arora, L. D., & Sharma, K. B. (2019). Understanding the Attitude of Generation Z towards workplace. *International Journal of Management, Technology and Engineering, 1*(IX), 2804–2812.

Hackl, B., Wagner, M., Attmer, L., & Baumann, D. (2017). *New Work: Auf dem Weg zur neuen Arbeitswelt.* Springer Fachmedien Wiesbaden GmbH.

Hilt, K. (2020). Industrialisierung Deutschland. *Planet Wissen.* https://www.planet-wissen.de/gesellschaft/wirtschaft/industrialisierung_in_deutschland/index.html. Zugegriffen am 2022.

Hintermayer, N., & Lau, C. (2021, März 15). Nest stop 2051. *Forbes Daily „Wiener Wirtschaft".*

Hofmann, J. D., Piele, A., & Piele, C. (2019). *New Work Best Practices und Zukunftsmodelle.* IRB Mediendienstleistunge, Fraunhofer-Informationszentrum.

Lauer, C. (2021). Drei neue Milieus prägen jetzt die deutsche Gesellschaft. *Welt.*

Lawler, E. E., III, Worley, C. G., & Creelman, D. (2011). *Management reset organizing for sustainable effectiveness.* Jossey-Bass.

Meinhardt, T. (2002). *Die „Dritte industrielle Revolution" und daraus entstehende Folgen für die Soziale Arbeit* (1. Aufl., Bd. 1). Grin.

Mottek, H., Blumberg, H., Wutzmer, H., & Becker, W. (1960). *Studien zur Geschichte der industriellen Revolution in Deutschland.* Akademie.

Paina-Racolat, N. D., & Irini, R. D. (2021). Generation Z in the workplace through the lenses of human resource professionals – A qualitative study. *Geneeral Management, 183*(22), 78–85.

Pawlik, V. (2022). de.statista.com. https://de.statista.com/statistik/daten/studie/173636/umfrage/lebenseinstellung-anzahl-vegetarier/. Zugegriffen am 2023.

Porschen-Hueck, S. (2019, Juni 04). *Wenn New Work krank macht „Hierarchie kann auch entlasten".* www.spiegel.de, https://www.spiegel.de/karriere/new-work-in-der-kritik-hierarchie-kann-auch-entlasten-a-1269747.html. Zugegriffen am 2019.

REFA Verband für Arbeitsstudien. (1991). *Methodenlehre der Betriebsorganisation.* Carl Hanser.

Schermuly, C. C. (2020). Wann New Work funktioniert und wann nicht. *Harvard Business manager. Dezember 2020. Die New New-Work-Lüge.*

Schuler, R., & Jackson, S. E. (2014). Human rsource management and organizational effectiveness: yesterday and today. (E. G. Limited, Hrsg.) *Journal of*

*Organisational Effectiveness: People and Performance, 1*(1), 35–55. https://doi. org/10.1108/JOEPP-01-2014-0003

Schwab, K. (2016). *Die vierte industrielle Revolution* (7. Aufl., Bd. 7). Pantheon.

de Sombre, S. (2021). *ifd-allensbach.de.* https://www.ifd-allensbach.de/filead-min/AWA/AWA_Praesentationen/2021/03_AWA_2021_deSombre_Nach-haltigkeit_HANDOUT.pdf. Zugegriffen am 2022.

Ulbricht, W., Bartel, H., Berthold, L., Diehl, E., Ebert, F., Engelberg, E., … Wolf, H. (1966). *Geschichte der deutschen Arbeiterbewegung. Von den Anfängen der deutschen Arbeiterbewegung bis zum Ausgang des 19. Jahrhunderts* (Bd. 1). Dietz.

WIKIPEDIA. (2022). *Zweite industrielle Revolution.* https://de.wikipedia.org/wiki/Zweite_industrielle_Revolution. Zugegriffen am 18.04.2022.

# 2

# Crowdworking – Der Traum von der großen Freiheit

**Zusammenfassung** Crowdworking, Gig-Working, Click-Arbeiter, Plattformökonomie, Arbeiten in der Cloud, Digitale Tagelöhner, Crowdsourcing sind alles Begriffe, die diese neue Form von Arbeit beschreiben. Die Arbeit in einer digitalen Welt. Anonym, ohne persönlichen Kontakt, ohne KollegInnen, ohne Vorgesetzte, ohne soziale Absicherung, ohne festen Arbeitsplatz oder die Garantie auf ein sicheres Einkommen. Dafür frei und ungebunden. Selbstbestimmt zu arbeiten, was, wann und wo man will. Klingt verlockend. Klingt nach „New Work". Aber ist es wirklich erstrebenswert als digitaler Tagelöhner sein Geld zu verdienen und das oftmals unter dem Mindestlohn? Mit diesem Konflikt beschäftigen sich seit Jahren Gewerkschaften, Wissenschaftler, Rechtsanwälte, das Bundesministerium für Arbeit und Soziales und es wird auf europäischer Ebene diskutiert. Weniger im Fokus steht die soziale Isolation der CrowdworkerInnen, die die Psyche und das Wohlbefinden angreifen. Kritisch diskutiert wird im Sinne dieses Kapitels Crowdworking als das ortsunabhängige Online-Arbeiten, der Umgang mit den CrowdworkerInnen durch die Plattformbetreiber und die Vergütung.

Für Unternehmen ist Crowdworking eine attraktive Arbeitsform, die vielfach wertschöpfend eingesetzt werden kann. Es können einfache Arbeiten aus dem Betriebsprozess herausgelöst werden bis hin zu komple-

D. Dull, *New Work – die Illusion von der großen Freiheit*,
https://doi.org/10.1007/978-3-658-41220-3_2

xen Projektarbeiten, wo das notwendige Know-how oder Spezialwissen intern nicht zur Verfügung steht oder der Zeit-Aufwand zu hoch ist, dieses Wissen in der Organisation zu entwickeln. Eine weitere Möglichkeit, die in diesem Beitrag aufgezeigt diskutiert wird ist, ob sich Crowdworking als hybrides Arbeitsverhältnis entwickelt oder als integrativer Bestandteil einer modernen Personalentwicklung. Jede der genannten Alternative verbirgt in sich ein hohes Potential, die Beziehung zwischen Mitarbeiterzufriedenheit, Effizienz und Produktivität zu erhöhen. Obendrein ist das Modell Crowdworking hervorragend geeignet, den Mitarbeitern mehr Freiraum zu verschaffen für kreatives und innovatives Arbeiten.

## 2.1 Arbeiten in der Cloud – ist das traditionelle Arbeitsverhältnis ein Auslaufmodell?

Bleiben wir noch einen Moment auf dem Boden, bevor wir über den Wolken schweben, und diskutieren über das traditionelle Arbeitsverhältnis, wie es heute üblich ist. Es ist das abhängige Beschäftigungsverhältnis. Ein schriftlicher oder mündlicher Vertrag zwischen einem ArbeitnehmerIn und einem Unternehmen.

Der ArbeitnehmerIn verpflichtet sich, die im Arbeitsvertrag geforderte Arbeitsleistung oder Dienstleistung zu erbringen. Im Gegenzug versprechen Unternehmer die Ressourcen, die Arbeits- und Betriebsmittel zur Verfügung zu stellen. Des Weiteren sorgt die Firma für die soziale Absicherung, die Vergütung und die Weiterbildung der Mitarbeiter und Mitarbeiterinnen. Der Mitarbeiter oder die Mitarbeiterin werden einem „Kästchen" zugeordnet und sind somit Teil einer hierarchischen Ordnung. Ein ihm zugeordneter Vorgesetzter erklärt ihnen die Abläufe und Regeln in der Organisation, bespricht mit dem MitarbeiterIn die Arbeitsaufträge und Ziele, kontrolliert die Leistungserbringung, erteilt Feedback und unterstützt die Weiterentwicklung.

Klingt nach einer Arbeitswelt aus dem „Gestern Land". Daran wird sich allerdings auch in der neuen Arbeitswelt nicht viel ändern. Weil, die MitarbeiterInnen ein Recht darauf haben zu verstehen, was ihre Arbeitsaufgabe ist, was von ihnen erwartet wird, in welchem Netzwerk sie eingebunden sind und mit wem sie interagieren müssen, damit sie ihre Aufgaben erledigen können. Somit werden die MitarbeiterInnen Teil eines komplexen sozialen Systems mit formellen und informellen Regeln, Prozessen, Rituale und Bräuche – eine gesetzte Ordnung. Verstöße gegen diese Ordnung werden sanktioniert. Im schlimmsten Fall endet das Arbeitsverhältnis mit einer Kündigung.

## »Crowd Working bricht mit der Tradition eines üblichen Arbeitsverhältnisses (Pfeiffer et al., 2019, S. 750).

Der CrowdworkerIn ist weder in einem Kästchen zu finden, noch hat er einen Vorgesetzten, an dem er seine Arbeitsergebnisse berichten muss. Die Arbeit findet ausschließlich in virtuellen Netzwerken statt. Eine Art Dauer-Home-Office. Der CrowdworkerIn bekommt keine Arbeits- oder Betriebsmittel gestellt. Er muss dafür sorgen, dass er die notwendigen Arbeitsgeräte hat, die es ihm ermöglichen, angenommene Aufträge digital zu erledigen. Eine Investition auf sein Risiko. Ein weiterer wichtiger Punkt, der für die Arbeit in der Cloud zu beachten ist, ist für ausreichende Datensicherheit zu sorgen und sich vor Hacker-Angriffen zu schützen.

Im Gegensatz zum traditionellen Arbeitsverhältnis, wo eine Aufgabenbeschreibung festlegt, welche Tätigkeiten zu erbringen sind, kann der CrowdworkerIn frei entscheiden, was, wann, wo und wieviel er/sie arbeiten möchte. Die Arbeitsaufträge findet er/sie auf entsprechenden Plattformen, auf denen auch sein/ihr Profil hinterlegt ist. Der externe CrowdworkerIn und der Nutzer stehen weder in einem Vertragsverhältnis noch werden sie persönlich aufeinandertreffen. Insbesondere, wenn es sich um einfache Arbeiten handelt, die Online erledigt werden können (Pfeiffer et al., 2019).

Die Aufträge an die CrowdworkerIn variieren von kleinen einfachen Aufgaben, wie Texte schreiben, Design, Kundenbefragungen, Katalogisieren, Umfragen durchführen bis hin zu komplexen Projekten, wo ein bestimmtes Wissen, Kreativität oder Innovation gefordert ist, was im Unternehmen nicht vorhanden ist und schwer sein wird, aufzubauen (Meuter, 2021).

Eine Befragung im Jahr 2019 durch die Hochschule Rhein-Waal hat ergeben, dass von den 495.000 interviewten Internet-Nutzern 4 % als CrowdworkerIn arbeiten und 9 % der Befragten gaben an, dass sie eine Affinität zu Crowdworking haben (Serfling, 2019, S. 1). Ob die Prozentzahl sich in den nächsten Jahren gravierend erhöhen wird, ist in Europa meines Erachtens davon abhängig, welche Grundrechte oder finanzielle Absicherung mit dieser besonderen Art von Beschäftigung verbunden sind. Gerade in unsicheren Zeiten, wie wir sie während der Covid-Pandemie im Jahr 2020 erlebt haben oder der globalen Wirtschaftskrise im Jahr 2008 ist es schwer vorstellbar, dass sich Menschen freiwillig solch einem großen finanziellen Risiko aussetzen. Somit würde der Traum von der großen Freiheit ein Traum bleiben. Analog, wenn zu viele Regularien den eigentlichen Gedanken von Crowdworking zunichtemachen.

Bisher bestehen noch keine gesetzlichen Regelungen für CrowdworkerInnen. Handlungsbedarf wurde jedoch erkannt, insbesondere auf europäischer Ebene, von den Gewerkschaften und vom Bundesministerium für Arbeit und Soziales, die sich alle zum Ziel gesetzt haben, einen fairen Rahmen für die Plattform-Beschäftigten zu verhandeln. In Diskussion sind Rechte und Pflichten gesetzlich festzuschreiben sowie die Plattformbetreiber zu mehr Datentransparenz zu verpflichten. Ein entsprechender Entwurf eines Plattformarbeitsgesetzes ist bereits auf dem Tisch. Parallel haben sich Sozialpartner geeinigt, einen Kollektivvertrag für FahrradbotInnen abzuschließen, der zum 01.01.2020 in Kraft trat. (Gruber-Risak et al., 2020, S. 14 ff.)

Ungeklärt ist bis dato der arbeitsrechtliche Status von CrowdworkerInnen und Plattformbetreiber verbunden mit der Frage, ob ein CrowdworkerIn den Status eines Arbeitnehmers hat und der Plattformbetreiber den Status eines Arbeitgebers. Mit diesem Problem hat sich Prof. Dr. Eva Kocher intensiv auseinandergesetzt und einen Artikel veröffentlicht unter dem Titel: „Crowdworking: ein neuer Typus von Beschäftigungsverhältnis?" (Kocher, 2019). Eine abschließende rechtliche Klärung über den arbeitsrechtlichen Status der beiden Akteure konnte meines Wissens bis heute nicht erreicht werden.

## 2.2 Die digitale Zusammenarbeit – gemeinsam einsam

Neben einer fairen Bezahlung, unzumutbaren Arbeitsbedingungen ist die soziale Isolation ein weiterer Punkt, der die Arbeit als CrowdworkerIn nicht unbedingt erstrebenswert macht. CrowdworkerInnen, die Arbeitsaufträge überwiegend online erledigen, haben weder KollegInnen noch Vorgesetzte, mit denen sie sich persönlich auszutauschen können. Es sind Menschen in sozialer Isolation, wie diejenigen, die dauerhaft im Home-Office arbeiten.

Eine weltweite Untersuchung, die während der COVID-19-Pandemie durchgeführt wurde, hat ergeben, dass soziale Isolation das Risiko erhöht, an Depressionen zu erkranken. Des Weiteren gibt es Hinweise auf erhöhtem Drogen- und Alkoholkonsum, Essstörungen und das Auftreten von negativen Stimmungsbildern (Liu et al., 2021, S. 558). Somit ist nicht auszuschließen, dass dieselben Symptome die CrowdworkerInnen befallen.

Hier einige Aussagen von MitarbeiterInnen, wie sie die Isolation im Home-Office, während der Covid-19-Pandemie erlebt haben in Dreher (2021, S. 14 f.):

„Es kann sehr, sehr einsam sein, weil man nicht die Möglichkeit hat, mit den Kunden von Angesicht zu Angesicht zu reden oder nicht einmal am Telefon … Man hat nicht, Sie wissen schon, Möglichkeiten sich am Wasserspender zu treffen und etwas zu plaudern und so. Der größte Nachteil ist, dass man den ganzen Tag keinen einzigen anderen Erwachsenen sieht und das kann manchmal ziemlich isolierend wirken."

„Es gibt Zeiten, in denen man niemanden hat, an den man sich wenden kann … wissen Sie, wenn man in einem Unternehmen arbeitet, hat man andere Leute, mit denen man reden kann, und man muss irgendwie die ganze Zeit eigene Lösungen finden".

Menschen sind soziale Wesen, die den echten persönlichen Kontakt für eine starke Psyche brauchen. Hier sind die Plattformbetreiber gefordert, das Thema soziale Isolation aufzugreifen und den CrowdworkerInnen die Möglichkeit zu geben, sich gegenseitig kennenzulernen. Wenn auch erst virtuell – beispielsweise durch einen monatlichen Erfahrungsaustausch, oder gemeinsame Wettbewerbe. Vorstellbar ist ebenfalls, dass es eine eigene Internetseite auf den Betreiber Plattformen gibt, auf der die CrowdworkerInnen die Möglichkeit bekommen, Artikel zu veröffentlichen oder einen Blog-Beitrag zu schreiben oder andere Beiträge zu kommentieren. Die gute Nachricht: Große Plattformbetreiber haben das Problem erkannt und entsprechende Aktivitäten initiiert.

Zukünftige Untersuchungen werden zeigen, ob CrowdworkerInnen, die ausschließlich online arbeiten, soziale Isolation als große Belastung sehen, so wie die befragten MitarbeiterInnen, die während der Covid-19-Pandemie überwiegend im Home-Office arbeiteten. Dagegen spricht die Tatsache, dass CrowdworkerInnen jederzeit ihre Wohnung verlassen können, um sich mit Freunden zu treffen, was die MitarbeiterInnen im Home-Office nur eingeschränkt können und, dass CrowdworkerInnen trotz sozialer Isolation ständig im virtuellen Kontakt sind über Instagram, Twitter, Snapchat, Facebook, WhatsApp, Vine oder Lovoo, um sich mit Freunden auszutauschen. Allerdings findet diese Art von Kommunikation wiederum in einer virtuellen Welt der Selbstdarstellung statt; vorbei am realen Leben.

Ebenfalls fehlt der gesunde Wettbewerb sich mit anderen zu vergleichen, um ein Gefühl zu bekommen, ob man seine Arbeit gut macht (Dreher, 2021, S. 15). Alles spielt sich virtuell ab. Die Kommunikation erfolgt per Chat oder E-Mail oder über den technischen Support der Plattformen. Die Reibung, der Streit, eine hitzige Diskussion sind alles Einflüsse, die Menschen in Isolation nicht haben. Somit sind sie ständig gezwungen, ihre Emotionen zu unterdrücken, die allerdings irgendwann mal ausgelebt werden müssen. Feedback über ihre Arbeitsleistung bekommen die CrowdworkerInnen ebenfalls nur virtuell; überwiegend in Form von Bewertungen oder Ratings ohne weitere Begründungen oder Erklärungen, was zweifelsohne zu Frustration führt und sich auf die Arbeitszufriedenheit negativ auswirkt (Feldmann et al., 2018, S. 21 ff.). Auf der anderen Seite haben sich viele Lebensgewohnheiten der Menschen bereits in eine virtuelle Welt verschoben, insbesondere die der Generation Z. Insofern ist davon auszugehen, dass mit zunehmender Digitalisierung bestimmte Routineabläufe in den Unternehmen zukünftig virtuell erfolgen. Das persönliche Gespräch entfällt dadurch nicht automatisch, sondern findet auf Wunsch des Mitarbeiters statt, in dem er/sie bei einer Person seines Vertrauens ein persönliches Gespräch anfordern kann.

Was motiviert Menschen, Crowdworking als Beschäftigung anzustreben? Ist es die Illusion von der großen Freiheit, mit Bildern aus einer Fantasiewelt, die Glauben machen, dass man mit einem Laptop am weißen Strand, oder im Wohnmobil in den Bergen, mit nur einem Klick, genug Geld verdienen kann, um sich ein schönes Leben leisten zu können? Oder ist es der Wunsch nach selbstbestimmten Arbeiten, die Abkehr vom traditionellen Lohnsystem, was Frithjof Bergmann den Menschen empfohlen hat (Bergmann, 2019)? Oder hat die neue Generation das Interesse verloren, eine Festanstellung anzunehmen, wie die Generationen davor, die oft Jahrzehnte als loyale und fleißige MitarbeiterInnen in einem Unternehmen verbracht haben? Es war die soziale Absicherung auf der einen Seite verbunden mit einer völligen Unterordnung in ein bestehendes System, was von den Menschen als selbstverständlich hingenommen wurde. Nur wenige hatten den Mut, sich gegen ein gesetztes innerbetriebliches Regelwerk aufzulehnen.

Ein Zwiespalt, der im nächsten Kapitel diskutiert wird.

## 2.3 Soziale Absicherung oder doch lieber Freiheit

Soziale Absicherung oder doch lieber Freiheit. Vor dieser Entscheidung stehen überwiegend Menschen, die das Privileg haben, in einem Sozialstaat zu leben, der mit ihrer Legislative in vielerlei Hinsicht Schutz bietet. Es sind die Arbeitszeitgesetze, die die Höhe der Arbeitsstunden festlegen, die Verteilung der Arbeitszeit, die Ruhepausen definieren, Urlaubsanspruch regeln und vieles mehr. Es sind die Sozialgesetze, die die Bezahlung im Krankheitsfall festlegen, die Rentenansprüche und die Beiträge für die Sozialkassen. Dann gibt es noch den Arbeitsschutz, den Unfallschutz oder Ausgleichszahlungen bei Arbeitslosigkeit. Nicht zu vergessen, die Tarifverträge und die Mitbestimmungsgesetze. Es sind hier nur einige Beispiele genannt, wie die soziale Absicherung in Deutschland strukturiert ist. Andere Länder, überwiegend außerhalb von Westeuropa, bieten entweder erheblich weniger oder gar keine soziale Absicherung. Deshalb stellt sich für CrowdworkerInnen, die ihren Lebensunterhalt in diesen Ländern mit Online-Arbeiten verdienen müssen, die Frage nach entweder sozialen Absicherung oder Freiheit gar nicht.

Es ist wahrscheinlich mit ein Grund, dass in Deutschland die Plattformökonomie in den Fokus geraten ist von Gewerkschaften, hochrangigen Arbeitsrechtler und dem Bundesministerium für Arbeit und Soziales, die sich alle auf diesem neuen Terrain beweisen wollen, was sich mir nicht so recht erschließen will. Denn laut einer Studie ist Crowdworking für die meisten Personen ein Nebenjob zusätzlich zu einer sozialversicherungspflichtigen Tätigkeit (Greef et al., 2020, S. 215). Des Weiteren stehen Soloselbstständige, Freelancer und kleine Unternehmen vor denselben Problemen wie die CrowdworkerInnen – soziale Absicherung auf eigene Kosten finanzieren zu müssen.

Überrascht von diesem Engagement sind auch die Autoren Greef, Schroeder, & Sperling (2020), die sich eingehend mit den Aktivitäten der Gewerkschaften, Arbeitnehmervertretern und dem Staat auseinandergesetzt haben und annehmen, dass mit der Entwicklung der Digitalisierung ein frühzeitiges Eingreifen von Gestaltungspotenzial verbunden ist (Greef et al., 2020, S. 216). Es gibt Tendenzen vonseiten der Gewerkschaft ihre Aktivitäten auf die Plattformbetreiber auszudehnen, was sich als schwierig erweisen dürfte, da diese keine klassische Unternehmensform darstellen. In diesem Zusammenhang besteht das Risiko, dass Plattformanbieter entweder ihre Dienstleistung in Deutschland aufgeben oder ihre Dienste vom Ausland aus anbieten, wo sie nicht befürchten müssen, sich einem sozialen System unterzuordnen (Greef et al., 2020). Eine pragmatische Lösung wäre, der Plattformökonomie die Chance zu geben, sich zu entwickeln und nur Minimal-Regularien zu manifestieren.

Überlassen wir die Entscheidung doch den Menschen, ob sie lieber in einem traditionellen Beschäftigungsverhältnis arbeiten möchten, mit allen Vor- und Nachteilen, oder ob es sie mehr reizt, zu arbeiten, wann und wo sie wollen, mit dem Risiko nicht zu wissen, ob sie ihre Miete oder Brötchen morgen bezahlen können. Eine Studie der Universität Rhein Waal hat interessanterweise herausgefunden, dass das Motiv der CrowdworkerInnen auf Plattformen aktiv zu sein, folgendes ist:

**zu arbeiten, was, wann, und wo man will,** (Serfling, 2019). Zum selben Ergebnis kommt Feldmann et al., 2018, S. 16.

Die Autoren analysierten die Ergebnisse aus mehreren Studien, die die Arbeitsbedingungen auf Crowdworking-Plattformen untersucht haben und fassten die Resultate in einem Working-Paper zusammen. Herausgefunden wurde, allerdings mit dem Unterschied, dass neben den intrinsischen Motiven wie Selbstverwirklichung, Spaß, Weiterentwicklung und Autonomie, auch extrinsische Motive, Anreize darstellen, als CrowdworkerIn zu arbeiten. Vergütung beispielsweise zeigte sich als ein wesentlicher Faktor. Interessant ist die Erkenntnis, dass 50 % der Befragten aus den vergleichenden Studien eine Festanstellung bevorzugen würden, obwohl die intrinsischen Motive von den CrowdworkerInnen sehr geschätzt werden (Feldmann et al., 2018, S. 24).

Crowdworking bezeichnen Feldmann et al. als innovatives Arbeitsmodell für Unternehmen. Meines Erachtens eine wichtige Aussage und gleichzeitig Aufforderung an Unternehmen, sich mit dieser neuen Form von Beschäftigung auseinanderzusetzen.

## 2.4   Die Plattformen sind die neuen Chefs

Digitale Plattformen gehören seit Jahren zu unserem Alltag. Wir kaufen oder verkaufen Waren auf diversen Online-Plattformen. Wir registrieren uns auf den verschiedenen Job-Portalen, um eine neue Arbeitsstelle zu finden. Unsere Geldtransaktionen wickeln wir über das Banking-System unserer Bank ab. Die Plattformbetreiber übernehmen hier die Rolle als Vermittler (Greef et al., 2020, S. 208). Somit entsteht ein Dreiecksverhältnis, in dem der Käufer den Nutzungsbedingungen des Verkäufers zustimmen muss, bevor er eine Ware oder eine Dienstleistung kauft. Käufer und Verkäufer sind bekannt über den E-Mail-Verkehr und können miteinander kommunizieren. Ähnlich und doch in einigen Teil different ist das Vertragsverhältnis zwischen CrowdworkerIn, Plattformen und AuftraggeberIn. Eine Konstellation, die im Fokus dieses Kapitels steht und nicht die gesamte Bandbreite der digitalen Plattformen, noch die Vermittlung von Offline-Dienste, die ortsabhängig vermittelt werden wie Lieferdienste, Reservierungen, Abholaufträge.

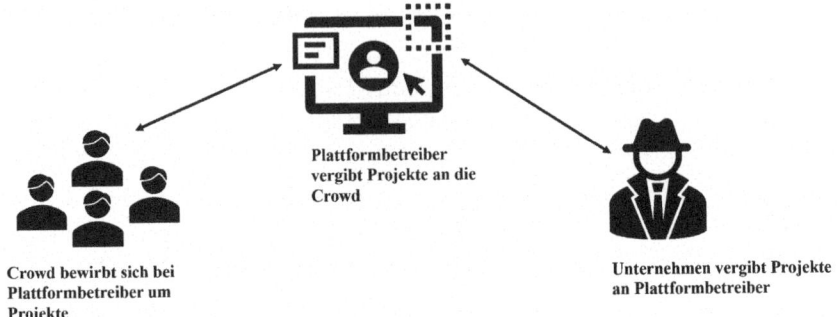

**Abb. 2.1** Die vertragliche Beziehung zwischen einer Crowd, der Plattform und dem Auftraggeber. (Quelle: Eigene Grafik)

### Die Arbeitsbeziehung eines Crowdworkers

Abb. 2.1 beschreibt das Verhältnis der drei Parteien zueinander. Der Kontakt erfolgt rein virtuell. Weder kennt der Plattformbetreiber den oder die CrowdworkerInnen persönlich noch kennt der Nutzer den oder die Menschen beim Plattformbetreiber noch den Crowdworker. Keiner weiß, ob er es mit Menschen oder Maschinen zu tun hat. Der Nutzer definiert und beschreibt die Aufgabe. Das Spektrum der Aufgaben variiert von einfachen monotonen Arbeiten bis hin zu komplexen Entwicklungs- oder kreativen Designs. Der AuftraggeberIn setzt einen Preis fest, den er/sie bereit ist zu bezahlen und leitet diese Informationen weiter an einen geeigneten Plattformbetreiber. Der wiederum schreibt die Aufgabe auf seiner speziellen Homepage aus, oder verteilt den Auftrag an geeignete Crowd-MitarbeiterInnen, die sich darauf bewerben können. Der CrowdworkerIn erhält keine Details über den Auftraggeber als Person noch über das Unternehmen. Informationen werden zwischen Plattformbetreiber und Auftraggeber ausgetauscht und zwischen Plattformbetreiber und CrowdworkerIn. Der CrowdworkerIn entscheidet, ob er die Aufgabe zu der angebotenen Vergütung annimmt oder nicht. Es steht ihm frei, ein Gegenangebot zu machen, unter welchen Bedingungen er bereit ist, die Aufgabe zu erledigen (Jäger et al., 2019; Greef et al., 2020). Dem gegenüber entscheiden Crowdworking-Plattformen, wer welchen Auftrag bekommt, vergüten die CrowdworkerInnen, auch wenn der Nutzer die erbrachte Leistung nicht bezahlt, und sie gestalten die Arbeitsbedingungen für die Crowd. Nicht unüblich sind Kontroll- und Überwachungssysteme, die die Arbeit der CrowdworkerInnen aufzeichnen. Eine Maßnahme, die zum einen, die Auftraggeber davor schützen soll, dass seine Daten nicht an den Wettbewerber weitergegeben werden, (Feldmann et al., 2018, S. 12) und zum anderen damit MitarbeiterInnen der Plattformbetreiber das aufgezeichnete Material sichten können, um den ClickworkerInnen Feedback zu geben. Je nach Feedback wird ein Reputationsstatus oder Ranking vergeben, das wiederum entscheidend ist für die Vergabe von zukünftigen Projekten. Ein schlechtes Ranking oder Reputationsprofil oder geringes Engagement auf der Plattform verwehren den Zugriff auf interessante Aufgaben.

Größere Innovations- oder Designprojekte werden oftmals von den Plattformbetreibern als Wettbewerb ausgeschrieben, an dem sich mehrere CrowdworkerInnen beteiligen können. Die beste Lösung wird vom Auftraggeber mit einer hohen Summe prämiert. Die anderen TeilnehmerInnen gehen leer aus, obwohl der Auftraggeber Zugriff auf alle Lösungen bekommt und diese auch behalten kann. Schwer vorstellbar, dass diese Art von Projektvergabe für hoch qualifizierte CrowdworkerInnen auf Dauer motivierend wirkt, zumal keiner weiß, wieviel Konkurrenten am selben Projekt arbeiteten (Feldmann et al., 2018, S. 14). Eine Alternative wäre, die Anzahl der CrowdworkerInnen für wettbewerbsbezogene Projekte zu begrenzen, eine Rangfolge zu bilden in absteigender Reihenfolge von der besten Lösung bis hin zur wenigen guten Lösung und je nach Ranking einen entsprechenden Betrag auszubezahlen, sodass niemand leer ausgeht. Eine Art symbolische Anerkennung.

Derzeit sind laut einer Studie der Universität Kassel 32 Crowdworking-Plattformen in Deutschland aktiv (Mrass & Peters, 2017, S. 10). Es ist davon auszugehen, dass sich der Markt nochmals stark verändert hat und speziell während der Covid-19-Pandemie das Crowdworking-Geschäft, gemeint ist, das bezahlte Online-Arbeiten, um ein Vielfaches gewachsen ist. Bekanntermaßen haben viele Menschen in dieser Zeit ihre Arbeit verloren oder mussten sich mit gekürztem Einkommen abfinden. Eine der wenigen Alternativen, die sich ihnen angeboten haben den Verlust auszugleichen, war unter anderem mit einem Klick Geld zu verdienen.

Laut der Homepage von Clickworker.de, der wohl größten Crowd-working-Plattform, war zu erfahren, dass derzeit 3,6 Mio. Clickworker aus der ganzen Welt ihre Fähigkeiten anbieten. Betont wird ausdrücklich, dass es sich um einen Zusatzverdienst handelt. Auftraggeber haben die Wahl, ihre Projekte im Self-Service-Verfahren einzustellen oder es durch ein Projektteam erledigen zu lassen. Bei Crowd-Guru hingegen werden die Projekte ausschließlich von einem MitarbeiterIn der Plattform betreut. Crowd-Guru steht für ein faires Crowdworking und hat den Code of Conduct unterschrieben. Interessant auf ihrer Homepage ist der Menüpunkt: Gewerkschaften für Crowdworker.

**Fragen**

Sind Plattformbetreiber Arbeitgeber im Sinne der deutschen Gesetzgebung?

Eine Frage, die rechtlich noch nicht abschließend geklärt ist und meines Erachtens aus zwei Perspektiven betrachtet werden muss. Handelt es sich beispielsweise beim Plattformbetreiber um die Vermittlung von Dienstleistungen, die nur ortsgebunden erbracht werden können wie Lieferdienste, Fahrdienste, Kurierfahrten oder andere Dienstleistungen, handeln die Clickworker auf Anweisung und unterliegen dem Direktionsrecht. Üblich ist auch ein von beiden Seiten unterschriebener Arbeitsvertrag. In diesem Fall kann davon ausgegangen werden, dass die Rechtsprechung in naher Zukunft diese Plattformbetreiber in den Status eines Arbeitgebers setzen (s. Kocher, 2019). Hat sich allerdings der Crowdworking-Betreiber vollständig darauf spezialisiert als Vermittler für Online-Arbeiten aufzutreten, fehlen hier wichtige Elemente für einen Arbeitgeberstatus. Zum einen der Betrieb als organisatorische Einheit, das Weisungsrecht und die Eingliederung der CrowdworkerInnen in den Betrieb.

Mit der abschließenden Klärung dieser Thematik werden sich in den nächsten Jahren interessante Diskussionen ergeben zwischen Arbeitsrechtler, Gewerkschaften und Plattformbetreiber. Wie alle Veränderungen, befindet sich diese neue Form von Arbeit in einer Lernphase, in der Erfahrungen gesammelt werden müssen. Gute Plattformbetreiber werden sich den Herausforderungen stellen und ihre Arbeitsbedingungen an neue Gegebenheiten anpassen. Nur so können sie ihre Reputation stärken und die besten CrowdworkerInnen gewinnen und Unternehmen anbieten.

## 2.5 Fair Payment oder Ausbeutung auf hohem Niveau

Das Thema Vergütung wurde in Abschn. 2.4 kurz angesprochen. Es ist ein schwieriges Thema, vor allen Dingen, weil es kaum vergleichbare Jobs auf dem Arbeitsmarkt gibt, an denen man sich orientieren könnte. Deswegen variiert die Vergütung auf den verschiedenen Crowdworking-Plattformen sehr stark (Feldmann et al., 2018, S. 15; Serfling, 2019, S. 26 f.). Derzeit ist die Entlohnung von CrowdworkerInnen eher ein Lohndumping und weit entfernt von einer fairen Bezahlung (Jäger et al., 2019, S. 763). Eigentlich ein nicht zu akzeptierender Zustand, wenn gut ausgebildete Menschen sich aus den verschiedensten Gründen etwas dazuverdienen möchten oder müssen, dies auszunutzen. Oder ist es mit ethischen Grundsätzen zu vereinbaren, alleinerziehende Mütter/Väter, oder pflegende Angehörige, für die Crowdworking eine gute Gelegenheit ist, Arbeit und persönliche Lebensumstände miteinander zu kombinieren, diese schlechter zu bezahlen als vergleichbare Personen auf dem freien Arbeitsmarkt?

Um dem entgegenzuwirken, hat die Onlineplattform Testbird mit Unterstützung des Deutschen Crowdsourcing Verband e. V. ein Regelwerk entworfen: den Code of Conduct, der die Zusammenarbeit zwischen Plattformbetreiber und CrowdworkerInnen regelt. Derzeit haben neben Testbirds noch acht weitere Unternehmen den Code of Conduct unterzeichnet. Unter Punkt 3 der Vereinbarung wird die faire Bezahlung geregelt. Es wird von angemessenem Honorar gesprochen, das Faktoren berücksichtigt wie Komplexität, Qualifikation, Zeitaufwand, lokale Lohnstandards etc. (crowdsourcing-code.com, (o. J.)). Das Regelwerk ist als Leitplanke zu verstehen und ja, es sind Absichtserklärungen, die frei gestaltet werden können, was hervorragend in die Denke einer neuen Arbeitswelt passt:

## ❯❯Rahmenbedingungen anstelle von starren, unflexiblen Regeln und Vorschriften.

Die Praxis hat oft genug gezeigt, je mehr Regeln und Vorschriften bestehen, je schneller werden Menschen versuchen, Wege zu finden, diese zu umgehen. Aus meiner Sicht ist der Code of Conduct ein kluger Schritt in die richtige Richtung und verhindert, dass sich Plattformbetreiber Regularien unterwerfen müssen und neue Ideen wieder einmal in alte Strukturen gepresst werden.

**Die Vergütung von CrowdworkerInnen**
Die Autoren Jäger et al. (2019), identifizierten vier verschiedenen Formen der Vergütung für CrowdworkerInnen:

**Variante 1 „Cheapest Offer"**
Wie der Name schon vermuten lässt, handelt es sich hier eher um Lohndumping. Derjenige mit dem niedrigsten Angebot erhält den Auftrag, unabhängig von Qualifikation, Fähigkeiten oder Fertigkeiten. Auch spielt die Qualität der Arbeit keine große Rolle.

**Variante 2 „Quality Requirement"**
Es ist im Prinzip dieselbe Methode wie die Variante 1, mit dem einzigen Unterschied, dass eine Mindest-Qualifikation gefordert wird, oder der Bewerber muss entsprechende Erfahrung nachweisen.

**Variante 3 „First Offer"**
Das Unternehmen definiert die Aufgabe und den Preis, den es bereit ist zu bezahlen. Der Erste, der das Angebot annimmt, erhält den Zuschlag.

**Variante 4 „Best Quality"**
Bei dieser Variante steht die Qualifikation der CrowdworkerInnen im Vordergrund. Jeder hat die Chance sich zu bewerben und kann ein Angebot abgeben. Der Kandidat mit der besten Qualifikation erhält den Vertrag. Die Bewertung der Qualifikation erfolgt entweder an-

hand von umgesetzten Projekten, das Rating oder die Anzahl von abgeschlossenen Projekten.

Mit zunehmender Akzeptanz und Nutzung von CrowdworkerInnen, insbesondere im Hinblick auf den weltweiten Facharbeitermangel ist nicht auszuschließen, dass sich Unternehmen, ähnlich einer Auktion, zukünftig überbieten werden, um an den besten CrowdworkerIn zu kommen, speziell, wenn es sich um komplexe Innovations- oder Designprojekte handelt. Ob es allerdings jemals zu einer für alle Seiten befriedigenden Leistungsvergütung für CrowdworkerInnen kommen wird, ist fraglich. Solange Projekte weltweit ausgeschriebenen werden, wird es immer jemanden geben, der bereit ist, das Projekt zu einem geringeren Preis abzuwickeln. Hinzu kommt, dass die Motive der CrowdworkerInnen in unserer globalen Welt zu unterschiedlich sind. Was in einer Kultur gut funktioniert und sich motivierend auf die Leistung auswirkt, kann für eine andere Kultur eher das Gegenteil bewirken. Ebenso spielt die länderspezifische Gesetzeslage für Mindestlohn ein wichtiger Faktor für die Motivation der CrowdworkerInnen eine qualitativ hochwertige Arbeit abzuliefern (Feldmann et al., 2018, S. 20).
Interessant sind die Aussagen von CrowdworkerInnen zur Vergütung. Während ClickworkerInnen, die einfache Online-Arbeiten ausführten, grundsätzlich unzufrieden sind mit der Bezahlung, zeigen sich CrowdworkerInnen auf Design- oder Innovations-Plattformen eher zufrieden (Feldmann et al., 2018, S. 19 f.).
**Das Problem Vergütung wird nicht nur in Bezug auf Crowdworking in der neuen Arbeitswelt ein heiß diskutiertes Thema werden, sondern auch für die Beschäftigten in einem traditionellen Arbeitsverhältnis.** Denn die bestehenden starren und unflexiblen Vergütungssysteme passen nicht mehr in eine Arbeitswelt, in der zukünftig künstliche Intelligenz, Roboter, smarte Software, digitale Prozesse eine andere Art von Leistung fordern. Vergütungssysteme, die so komplex und zeitintensiv sind, dass sie monatelang ganze Organisationen lahmlegten, unzählige BeraterInnen beschäftigten, um marktgerechte Gehaltsgruppen zu definieren. Gehaltsgruppen, die jährlich mit den neuesten Benchmark-Daten von den Consultants abgeglichen wurden und bei jeder Organisationsänderung durch ein mehrstufiges Genehmigungsverfahren gelaufen sind.

Denkbare Alternativen wären die Vergütung von Kompetenzen, Fertigkeiten und Fähigkeiten. Zusätzlich eine Teamprämie für erfolgreich abgeschlossene Projekte auszubezahlen. Oder die Bezahlung eines Grundeinkommens für eine bestimmte Funktion, beispielsweise: Manager mit Personalverantwortung. Manager ohne Personalverantwortung und am Ende des Jahres erfolgt eine Gewinnausschüttung unter Berücksichtigung des individuellen Engagements.

Alles Vorschläge, die nicht revolutionär neu sind. Die Umsetzung wurde oft nicht konsequent genug vorangetrieben. Vielleicht ist jetzt der Zeitpunkt gekommen, auch Vergütung neu zu denken.

Das Ziel muss sein, Vergütungssysteme und Gehaltsstrukturen zu simplifizieren und diese so flexibel zu gestalten, dass eine Anpassung an interne oder externe Veränderungen jederzeit unbürokratisch möglich ist. Es wird ein langer und steiniger Weg werden, hier in eine neue Richtung vorzustoßen, vor allen Dingen in unserem Kulturkreis, der geprägt ist von starren bürokratischen Strukturen. Und nicht zu vergessen, die Mitbestimmungsgesetze.

## 2.6   Crowdworking im Unternehmen wertschöpfend nutzen

Das Auslagern von Arbeiten, auch ins Ausland, ist seit Jahren eine gängige Managementpraktik, die Unternehmen gerne nutzen, um ihre Fixkosten zu reduzieren. Dabei handelte sich überwiegend um Tätigkeiten, die von einem Ort A nach B permanent verlagert wurden, oder die externe Dienstleister im Unternehmen erledigt haben. (Werkvertrag). Das führte häufig zu Entlassungen oder Restrukturierungen an einem Standort und Stellenaufbau an einem anderen Ort, was immer hohe Kosten und Unruhe in der Organisation verursachte.

Beim Crowdworking werden ebenfalls Aufgaben ausgelagert mit einer anderen Zielsetzung. Beispielsweise, das Wissen in virtuellen Netzwerken zu nutzen, um schnell die bestmögliche Lösung für ein Problem zu bekommen. Oder, einfache Routine-Aufgaben aus den Betriebsabläufen herauszulösen, damit die Stammbelegschaft entlastet wird, die wiederum die gewonnene Zeit nutzen kann, mehr Aufgaben zu erledigen, wo sie ihr ganzes Wissen und ihre Fähigkeiten einsetzen können, was exakt den Gedanken von Frithjof Bergmann entspricht, wie er New Work definierte:

„The aim of New Work is not to free people from work, but to transform work until work will create free human beings. Freedom through work is the goal to which we aspire" (Bergmann, 2019, S. 4)

In keinem Fall sollten Firmen nicht denselben Fehler wiederholen, den IBM gemacht hat und das Herauslösen von Aufgaben in zu viele komplexe Einzelteile zerlegen oder aus rein materialistischen Überlegungen, beispielsweise die Reduzierung der Stammbelegschaft (Altenried, 2017, S. 178 f.). Altenried nutzt in diesem Zusammenhang den Begriff „digitaler Taylorismus".

Die weitaus klügere Überlegung Crowdworking wertschöpfend einzusetzen, ist die Vergabe von komplexen Projekten entweder auf Testing-Plattformen, Innovations- oder Design-Plattformen. Testing-Plattformen sind, wie der Name vermuten lässt, Plattformen auf denen Prozesse, Produkte oder Entwicklungsarbeiten getestet werden (Feldmann et al., 2018, S. 14). Bei der Nutzung von Innovations- oder Design-Plattformen geht es in erster Linie darum, dass Wissen, das Know-how, die Kreativität und Innovation einer Crowd effektiv und effizient zu nutzen. Der Erfolgsfaktor in diesem Spiel ist die Projektvergabe durch die Plattformbetreiber. Die Vergabe erfolgt in vielen Fällen auf wettbewerbsbasiertem Arbeiten (Feldmann et al., 2018, S. 14; Greef et al., 2020). Mit dieser Vorgehensweise haben Unternehmen einen enormen Zugriff auf Wissen, Fähigkeiten und Kenntnisse aus der ganzen Welt. Sie bekommen Know-how, das im Unternehmen nicht zur Verfügung steht, oder das zeitaufwändig und teuer eingekauft werden müsste, was wiederum die Höhe der Fixkosten negativ beeinflusst. Ein weiterer Vorteil ist die Vielzahl der eingereichten Ideen verbunden mit der Schnelligkeit der Bearbeitung, ähnlich wie beim Nutzen von Start-ups. Alle eingereichten Ideen werden den Unternehmen von den Plattformbetreibern zur Verfügung gestellt. Somit können sie sich die beste Lösung für ihr Problem heraussuchen. Bezahlen aber nur für den Gewinner.

*Nicht ignoriert werden dürfen die Nachteile*, die mit dieser Arbeitsform verbunden sind. Durch das Auslagern von Aufgaben besteht die Gefahr, dass sich die Tätigkeiten der Stamm-MitarbeiterInnen auf skalierbare Routineaufgaben reduzieren. Innovation, Wissen und Kreativität werden somit nicht mehr benötigt, was ohne Zweifel konträr zur New-Work-Denke steht. Große Unternehmen haben dieses Problem bereits erkannt und geben den internen MitarbeiterInnen ebenfalls die Möglichkeit sich auf die ausgeschriebenen Projekte zu bewerben.

Was halten Sie von der Idee Crowdworking als neue Arbeitsform zu entwickeln.

Ich nenne es: **das hybride Arbeitsverhältnis.**

Anstelle eines traditionellen unbefristeten Beschäftigungsverhältnisses erhalten beispielsweise MitarbeiterInnen das Angebot eines fluiden Teilzeitarbeitsverhältnisses, entweder mit wechselnden Aufgaben und Einsatzgebieten oder als unbefristete Tätigkeit mit einer festgelegten Rolle und fixem Standort. Zusätzlich bekommen diese internen Teilzeit-Beschäftigten, nennen wir sie interne CrowdworkerInnen, die Chance, ihr Einkommen zu steigern, in dem sie sich auf ausgeschriebene interne Projekte bewerben, die entsprechend fair vergütet werden. Diese Projekte sollten keine Microtasks sein, sondern anspruchsvolle Aufgaben. Wird seine/ihre Bewerbung abgelehnt, hat der BewerberIn den Anspruch, die Gründe zu erfahren.

Der Ablauf der Projektvergabe erfolgt nach demselben Prinzip wie die Vergabe auf einer Internet-Plattform. Es gibt einen Nutzer, der das Projekt beschreibt, den Zeitrahmen festlegt, die erwarteten Kompetenzen und die Vergütung. Diese Informationen werden an eine interne Projekt-Koordinationsabteilung übermittelt, die das Projekt intern ausschreibt.

Die Projekt-Koordinationsstelle ist für die Auswahl der Bewerber verantwortlich und bewertet das Projekt nach Fertigstellung. Feedback über die geleistete Arbeit erhält der interne CrowdworkerIn von der Projekt-Koordinationsstelle. Die Bewertung wird digital dokumentiert. Möglich ist, dass mehrere interne CrowdworkerInnen an einem Projekt arbeiten, insbesondere wenn es sich um eine komplexe Thematik handelt. In diesem Falle erhält die Crowd nach Fertigstellung des Projektes Feedback in Form einer 360-Grad-Beurteilung. Zusätzlich bekommen die internen CrowdworkerInnen Lernmodule vorgeschlagen.

**Der Nutzer erhält ein fertiges Produkt und** der CrowdworkerIn bestimmt, wann und wo er arbeitet.

Bei dieser neuen Form von Arbeit ist es wichtig darauf zu achten, dass der Einzelne nicht zu viele Projekte annimmt und dass die gesetzlichen Arbeitszeiten eingehalten werden. Ein mobiles Equipment z. B. Smartphone, Laptop, Drucker gehören zur Grundausstattung und müssen zur

Verfügung gestellt werden. Es bleibt abzuwarten, ob Firmen bereit und mutig sind, Crowdworking auf ihrem Weg nach New Work mitzunehmen. Es kann durchaus sein, dass, insbesondere große Firmen, schon längst diese Idee umgesetzt haben.

**Fragen**

Können Sie sich vorstellen, Crowdworking als Personalentwicklungs-System einzusetzen?

Etwas Ähnliches habe ich in einem internationalen Unternehmen, in dem ich als HR-Direktor verantwortlich war, mit großem Erfolg eingeführt.

Im Grunde genommen handelt es sich bei dieser Idee um eine *Potenzialanalyse*. Der Ablauf gestaltet sich ähnlich wie bei der Gestaltung des hybriden Arbeitsverhältnisses. Es geht auch hier um die Bearbeitung von internen Projekten. Allerdings mit einer anderen Zielsetzung. Im Vordergrund stehen die Karriereentwicklung und das Herausfinden von verstecktem Potenzial. Gesucht werden die **„hidden diamonds"**. Die MitarbeiterInnen bekommen die Chance, zusätzlich zum eigentlichen Aufgabengebiet, an internen Projekten zu arbeiten. Entweder als Crowd oder bei kleineren Projekten als Individuum. Alle können sich auf ausgeschriebene Projekte bewerben. Die Bearbeitung als Crowd erfolgt mit agilen Arbeitsmethoden. Der oder die Vorgesetzte sind aufgefordert, den interessierten MitarbeiterIn den notwendigen Freiraum zu gewähren.

---

**» Mit dieser Idee kann jeder seine eigene Karriere beeinflussen nach dem Motto: Jeder kann, keiner muss.**

---

Je mehr Projekte ein MitarbeiterIn erfolgreich abgeschlossen hat, je höher steigen die Chancen an komplexe oder globale Problemstellungen beteiligt zu werden bis hin zur Projektleitung.

Feedback und Bewertung erhalten die MitarbeiterInnen direkt vom Nutzer und nicht über einen Projektkoordinator. Hierfür eignet sich ebenfalls hervorragend ein digitales 360-Grad-Feedback-System, das mit entsprechenden Lernplattformen verknüpft ist. Somit werden am Ende des Projektes entsprechende Weiterbildungsmaßnahmen zur Verfügung gestellt. Werden diese nicht innerhalb eines festgelegten Zeitraums genutzt, bekommt der MitarbeiterIn ein negatives Rating, was ihn/ihr den Zugriff auf interessanten Projekten erstmal verwehrt.

## 2.7   Fazit: Crowdworking – hat das Potenzial rasant zu wachsen

Keineswegs ist Crowdworking etwas für New-Work-Illusionisten, die davon träumen, mit einem Klick viel Geld zu verdienen. Crowdworking wird auch nicht das traditionelle Beschäftigungsverhältnis ersetzen; höchstens ergänzen. Warum das so ist, zeigen die Ergebnisse vieler Studien, die sich mit der Thematik Crowdworking auseinandergesetzt haben. Erstaunlicherweise ist es nicht die Vergütung, die diese neue Beschäftigungsform uninteressant macht. Es besteht eine relative Zufriedenheit unter den CrowdworkerInnen über das Einkommen, das sie generieren können. Das größte Manko, so beschreiben es CrowdworkerInnen, bezogen sich auf die Arbeitsbedingungen, speziell die Feedback-Methode, Bewertungsverfahren oder die Vergabe von Projekten. Hiervon wird es unter anderem abhängen, ob Crowdworking sich zu einem Wachstumsmarkt entwickeln kann.

Für viele Menschen ist es eine hervorragende Möglichkeit, zusätzlich Geld zu verdienen, und zwar, wann sie wollen oder wenn sie müssen. Entweder als Nebenjob oder als Vollzeittätigkeit, der an jedem beliebigen Ort ausgeführt werden kann. Abgesehen von den monetären Motiven ist Crowdworking ein ausgezeichnetes Modell, sein Wissen ständig zu erweitern. Wissen, das wiederum Türen öffnet zu noch interessanteren Projekten mit einer besseren Entlohnung. Gleichzeitig ermöglicht es einen Einblick in Branchen, zu denen sie sonst nie Zugang bekommen hätten.

Trotz all dieser Vorzüge hat dieses Arbeitsmodell auch Nebenwirkungen:

- Es gibt keine Garantie für ein bestimmtes Auftragsvolumen
- Keine Regeln für eine faire Vergütung
- Keine soziale Absicherung
- Soziale Isolation

Für Unternehmen bietet Crowdworking eine ernstzunehmende Alternative zum traditionellen Beschäftigungsverhältnis. Zum einen, um die eigenen Ressourcen mehr wertschöpfend einzusetzen, zum anderen um neue Wege in der Personalentwicklung zu gehen.

## Literatur

Altenried, M. (2017). Die Plattform als Fabrik. Crowdwork, Digitaler Taylorismus und die Vervielfältigung der Arbeit. *PROKLA, 187*(47), 175–192. https://doi.org/10.32387/prokla.v47i187.140

Bergmann, F. (2019). *New work new culture* (Hampshire S024 9EE, UK). John Hunt Publishing Ltd.

crowdsourcing-code.com. (o. J.). https://crowdsourcing-code.com/. Abgerufen in 2023

Dreher, J. (2021). *Psychologische Auswirkungen verschiedener Ausmaße von Home-Office-Nutzung unter besonderer Berücksichtigung der sozialen Isolation während der Covid-19 Pandemie.* Leopold-Franzens-Universität Innsbruck Institut für Psychologie.

Feldmann, C., Hemsen, P., & Giard, N. (2018). *Crowdworking: Einflüsse der Arbeitsbedingungen auf die Motivation der Crowd Worker.* Working paper, Universität Bielefeld, Digitale Zukunft, Bielefeld. Zugegriffen am 07.06.2022.

Greef, S., Schroeder, W., & Sperling, H. J. (2020). Plattformökonomie und Crowdworking als Herausforderungen für das deutsche Modell der Arbeitsbeziehungen. *Industrielle Beziehungen, 1*, 205–226. https://doi.org/10.3224/indbez.v27i2.06

Gruber-Risak, M., Warter, J., & Berger, C. (2020). *Plattformarbeit – was tun?* Wirtschaftsuniversität AK Wien.

Jäger, G., Zilian, L. S., Hofer, C., & Füllsack, M. (2019). Crowdworking: Working with or against the crowd?, *14*, 761–788. https://doi.org/10.1007/s11403-019-00266-1

Kocher, E. P. (2019). www.academia.edu. https://www.academia.edu/71312969/Crowdworking_Ein_neuer_Typus_von_Besch%C3%A4ftigungs-verh%C3%A4ltnissen. Zugegriffen am 2020.

Liu, S., Heinz, A., Haucke, M., & Heinzel, S. (Januar 2021). Globale Auswirkungen der COVID-19-Pandemie auf die Versorgung von Menschen mit psychischen Erkrankungen. *Der Nervenarzt*, 556–561. https://doi.org/10.1007/s00115-021-01068-2

Meuter, S. (2021). Arbeit als Clickworker – Bringen Jobs im Netz wirklich viel Geld? *WELT*.

Mrass, V., & Peters, C. (2017). *Crowdworking-Plattformen in Deutschland*. Working paper series, Universität Kassel, Wirtschaftsinformatik.

Pfeiffer, S., Kawalec, S., Held, M., & Held, V. (2019). Crowdworking und Leistungsgerechtigkeit. Ansprüche von Crowdarbeitenden an distributive, prozedurale und informationale Gerechtigkeit. *HMD*, 748–765. https://doi.org/10.1365/s40702-019-00542-5

Serfling, O. (2019). *Crowdworking monitor Nr. 2*. Discussion paper, Hochschule Rhein-Waal, Faculty Society and Economics.

# 3

# Smart-Office – Ist nicht kuscheln auf dem Sofa

**Zusammenfassung** Das Büro ist Statussymbol, Zufluchtsstätte, Denkfabrik, Zelle, Zuhause-Ersatz verbunden mit vielen Emotionen. So haben es viele Menschen erlebt. Aus KollegInnen wurden Freunde oder Feinde. Es wurde in der Kaffeeküche oder in der Kantine getratscht, gelästert, gelacht oder geweint. Die Büroausstattung der MitarbeiterInnen war eher nüchtern und zweckmäßig. Die dominierenden Farben: grau und eierschalenweiß. Pflanzen in sterilen Hydrokulturkübeln waren die farblichen Hingucker. Es war der Ort, an dem die Menschen ihre Aufgaben erledigten. Jeder MitarbeiterIn, der im Büro arbeitete, hatte einen festen zugewiesenen Arbeitsplatz. Die langjährigen MitarbeiterInnen oder Führungskräfte einer bestimmten Hierarchie hatten Anspruch auf einen Arbeitsplatz am Fenster mit Tageslicht.

Ein Relikt aus der Vergangenheit!

Die Integration intelligenter Technologie wird Teil einer neuen Arbeitswelt sein. Die traditionellen Büro-Arbeitsplätze sowie das damit verbundene Arbeitsverhalten werden sich an die neue Technologie anpassen. Die neue smarte Technologie wird es möglich machen, dass MitarbeiterInnen zukünftig über eine App ihren Arbeitstag planen können. Von der Entscheidung über den Arbeitsort, Verkehrsmittel, Bu-

D. Dull, *New Work – die Illusion von der großen Freiheit*,
https://doi.org/10.1007/978-3-658-41220-3_3

chung von Büro- und Besprechungsräume bis hin zum Housekeeping und die Vorbereitung von Besprechungen. Obendrein wird es mit einer smarten Technologie möglich, jederzeit mit jedem an gemeinsamen Projekten zu arbeiten und in der Landessprache zu kommunizieren, die von einer Sprachsoftware simultan übersetzt wird. Zusätzlich können Kameras und Sensoren bestimmte Verhaltensweisen wie Mimik, Sprache, Körperhaltung erfassen und ein Algorithmus berechnet anhand von historischen Daten den Stress-Level oder das Well-Being der MitarbeiterInnen und prognostiziert Effizienz und Produktivität.

Eine smarte Software wird dafür sorgen, dass im Büro eine angenehme Raumtemperatur herrscht, ein gutes Raumklima und gesunde Lichtverhältnisse. Eine Alexa übernimmt in naher Zukunft die Funktion einer Assistentin, organisiert Besprechungen, liefert Daten und Informationen und sorgt am Ende des Arbeitstages für die Reinigung der Büroräume. Das Büro der Zukunft ist smart. Unumgänglich wird es sein, neben der Investition in eine intelligente Technologie, die Planung einer modernen ansprechenden Raumgestaltung. Einige Unternehmen sind bereits diesen Schritt gegangen und haben ihre Büroräume in Wohlfühl-Oasen umgestaltet und als New Work verkauft. Allerdings ist New Work nicht kuscheln auf dem Sofa. Ein smartes Office soll dazu beitragen, dass die MitarbeiterInnen gerne ins Büro kommen, um ihr ganzes Potenzial zu entfalten und somit Effizienz und Produktivität erhöht wird.

## 3.1  Das Büro

„Denken ist die schwerste Arbeit, die es gibt. Das ist wahrscheinlich auch der Grund, warum sich so wenig Leute damit beschäftigen." – *Henry Ford*

Können Sie sich noch an Ihr erstes Büro erinnern, in dem Sie gearbeitet haben? Mein erstes Büro, in dem ich Mitte der 70er-Jahre gesetzt wurde, war ein Raum in einem Raum. Abgetrennt mit einer Holzwand, die im oberen Teil verglast war. Fenster zum Öffnen gab es keine und die Beleuchtung spendete eine Neonröhre, die von der Decke schaukelte. Die Ausstattung bestand aus einem Holzschreibtisch mit abschließbaren

Rollläden links und rechts. Auf dem Schreibtisch stand als einziges Arbeitsmittel eine Rechenmaschine mit Papierrolle. Ein Telefon mit Drehscheibe stand auf dem Schreibtisch des Abteilungsleiters. Es verlieh ihm Macht und Ansehen. Durch die Büros verlief die Rohrpost, mit der geräuschvoll die Post in die Abteilungen transportiert wurde. Oder, eine Dame verteilte den Schriftverkehr mit einem Postwagen und holte abends die zu verschickende Korrespondenz wieder ab, die dann in einer Frankierstelle versandfertig gemacht wurde. In den Büros wurde geraucht, gegessen und getrunken. Üblich waren ausschweifende Geburtstags- oder Firmenjubiläumsfeiern in den Büros, auf denen Alkohol nicht fehlen durfte.

» Es war ein Privileg im Büro zu arbeiten. Man gehörte zu denen da oben.

Büros sind das Spiegelbild eines Unternehmens. Die Organisation und Gestaltung der Räume lassen Rückschlüsse zu auf die Unternehmenskultur und auf die Persönlichkeiten der Menschen, die darin arbeiten. *Beispielsweise regelt die Firma das Betreten und Verlassen der Büros.* Es erlaubt oder verbietet den Mitarbeitern Zugang zu bestimmten Bereichen. Sauberkeit, Sicherheit, Ergonomie, Arbeitsmittel, Beleuchtung und Belüftung zeigen, wie wichtig der Firma die Arbeitsumgebung und das Arbeitsumfeld für ihre MitarbeiterInnen ist.

**Es ist eine Art „interner Fußabdruck"** Die Sprache, der Ton, der Umgang miteinander oder das äußere Erscheinungsbild der MitarbeiterInnen und der Vorgesetzten lassen den Stil des Hauses erahnen. Gibt man sich eher locker und leger oder legt die Firma großen Wert auf formelle Kleidung, wie es beispielsweise in bestimmten Branchen üblich ist.

Menschen verändern mit Betreten des Büros ihre Persönlichkeit. Hier können sie jemand anderes sein als zu Hause. Oft war das Büro auch ein Karriere-Booster. Je länger man dort verweilte, umso höher stiegen die Chance auf eine Beförderung.

Die Ausstattung und Größe der Büros in den verschiedenen Unternehmen haben sich in der Vergangenheit in vielen Firmen nach Hierarchie unterschieden. Das obere Management genehmigte sich die Luxus-Variante als Ausdruck von Macht und Status. Die Pandemie hat diese Statusverliebtheit gebrochen. Von einem auf den anderen Tag haben sich die Organisationsmodelle geändert. Die Assistentin, die MitarbeiterInnen und die KollegInnen waren nicht mehr auf „Stand-by" und auf Abruf persönlich greifbar. **Selbstmanagement war das neue Normal.** Der Anzug, das Kostüm und die Krawatte blieben im Kleiderschrank. Das Zuhause wurde zum Büro und nicht umgekehrt. Viele kamen mit dieser Situation nicht klar. Die Orientierung ging verloren. Denn der tägliche Gang ins Büro verlieh Ordnung und Sicherheit.

## 3.2 Nennen wir es weiterhin Büro? Oder Spielzimmer – Werkstatt – Begegnungsstätte – Campus – Workspace?

Die richtige Antwort lautet: *Es kommt darauf an*, wie Unternehmen zukünftig ihren Arbeitsalltag gestalten wollen. Des Weiteren haben die Unternehmensziele und die Strategie einer Firma Einfluss auf die Bürogestaltung. Beispielsweise, ob die Bearbeitung von Projekten mit agilen Arbeitsmethoden in diversen virtuellen Teams erfolgt, oder ob den MitarbeiterInnen weiterhin der Freiraum gegeben wird, remote zu arbeiten. Aber auch, ob die Organisation die Möglichkeit in Betracht zieht, hybride Arbeitszeitmodelle anzubieten, vielleicht sogar Open Spaces anmietet.

Und dann ist da noch der gesellschaftliche Druck, der durch die Medien auf die Firmen ausgeübt wird, bezogen auf Diversität, Inklusion, Geschlechtergleichheit oder kulturelle Besonderheiten. Wer das ignoriert und keine kreativen Lösungen bei der Bürogestaltung aufzeigt, läuft Gefahr, seine Reputation zu verlieren.

Tatsache ist, dass viele Variablen zukünftig Einfluss auf die Gestaltung der Büros haben. Ich kann mir kaum vorstellen, dass die unten stehende Definition noch in die Arbeitswelt von New Work passt.

**Büro:** „Ein Büro oder auch Geschäftszimmer ist ein Arbeitsplatz für administrative Arbeiten. Je nach Umfang der Verwaltung, die ein Büro zu bewältigen hat, kann es aus einem einzelnen Schreibtisch bestehen oder auch ein Großraum mit mehreren Dutzend Arbeitsplätzen sein. Im Büro wird geplant, organisiert, Buchhaltung und Schreibarbeiten werden erledigt, es wird archiviert und vor allem kommuniziert" (definition-online.de/buero o. J.).

Das Büro der Zukunft wird aus meiner Sicht mehr sein als ein Ort, an dem administrative Tätigkeiten ausgeübt werden. Es wird sich zu einem Ort entwickeln, an dem sich die MitarbeiterInnen persönlich treffen, um zu kommunizieren, zu lernen, zu diskutieren, zu denken, oder um sich zurückzuziehen. Ein Büro muss wie eine Werkstatt sein, so die Aussage der Architektin Monika Lepel in einem Beitrag von Schäfer (2021). Ausgestattet mit einem großen Bildschirm, über dem man externe Gesprächspartner zuschalten kann. Wände, die als Arbeitsfläche genutzt werden. Mobile Sitzgelegenheiten, damit Gesprächsrunden flexibel gestaltet werden können. Im selben Artikel wird der britische Architekt Thomas Heatherwick zitiert, der plant, Büros wie große Spielzimmer auszustatten, mit Lego für Erwachsenen. Ob das alles ausreicht, um die MitarbeiterInnen zu motivieren, wieder gerne ins Büro zu kommen, ist fraglich.

Auf keinen Fall dürfen zukünftig Büros im Unternehmen gleichgesetzt werden mit automatischer Präsenzpflicht, die weiterhin von Vorgesetzten ausgenutzt wird für die Verteilung von Aufgaben oder das Anordnen von Besprechungen (Fayard & Weeks, 2021). Das heißt allerdings nicht, dass der Vorgesetzte nicht mehr befugt ist, Besprechungen anzusetzen. Im Gegenteil, der Vorgesetzte hat die Verantwortung dafür zu sorgen, dass sein Team sich regelmäßig mit seinen KollegInnen sowie internen und externen KundInnen austauscht. Hierfür entwickelt er mit seinem Team gemeinsame Regeln, was auch im Hinblick auf die effiziente Nutzung von Besprechungsräumen sinnvoll ist. Es kann durchaus passieren, dass Unternehmen aufgrund der Klima- und Energiekrise nur noch ein bestimmtes Kontingent an Energie und Gas zur Verfügung haben, um Büros und Besprechungsräume zu heizen.

## 3.3   Das Büro der Zukunft ist smart

Das Büro der Zukunft wird sich verändern. Verändern in Bezug auf Raumgestaltung, Design, Technik, Kommunikation und Art der Zusammenarbeit. Viele Unternehmen haben bereits mit der Umgestaltung begonnen, überwiegend mit dem Fokus auf Raumgestaltung und Design.

Ein großes deutsches Unternehmen ist noch einen Schritt weitergegangen und ist meines Erachtens heute der Vorreiter für ein nutzerzentriertes Bürokonzept unter dem Einsatz von smarter Technologie. Folglich ist ein Smart-Office mehr als Desk Sharing oder kuscheln auf dem Sofa, sondern:

„A smart office has been defined as an environment that is able to adapt itself to the user's needs, release the users from routine tasks they should perform, change the environment to suit their preferences and access services available, at each moment by customized interfaces" (Alberdi et al., 2018).

Eine ähnliche Formulierung wurde von den Autoren Zhang et al. (2022) verfasst:

Smart office is a „a workplace that provides a human-centric environment by leveraging smart enabling technologies, to realize value co-creation between company and employee."

Bei beiden Formulierungen steht der Einsatz von smarter Technologie im Vordergrund, um die Arbeitsumgebung für die MitarbeiterInnen angenehmer zu gestalten mit der Möglichkeit, diese an den persönlichen Präferenzen der Menschen anzupassen. Des Weiteren soll der Einsatz von smarter Technologie dazu beitragen, dass die Zusammenarbeit und die Kommunikation zwischen den Menschen effizienter erfolgt.

Zeitaufwändige Routinetätigkeiten wie beispielsweise Buchung von Besprechungsräumen, das Einladen von TeilnehmerInnen unter Berücksichtigung von Zeitzonen, An- und Abwesenheiten prüfen oder die Beauftragung von Bewirtungsservice erfolgen per App. Somit fällt das lästige Ausfüllen von Dokumenten oder das Beantragen von Serviceleistungen weg. Alles einfach per Klick unter dem Gesichtspunkt, Effizienz und Produktivität zu steigern.

Ein Smart-Office, ausgestattet mit der richtigen Technologie, ist zudem in der Lage, ein Bewegungsprofil von den MitarbeiterInnen zu erstellen, den Verbrauch von Energie aufzuzeichnen, die effiziente Nutzung und Belegung von Räumen zu erfassen, die Aktivitäten der MitarbeiterInnen zu dokumentieren und je nach Tageslicht, die Beleuchtung automatisch anzupassen (Cappelli, 2020). Die Daten werden anonymisiert, aggregiert und ausgewertet und in ein Dashboard übertragen. Benutzerdefinierte Zugriffsrechte erlauben Entscheider auf Basis von real-time Daten jederzeit zu sehen, ob ressourcenschonend gearbeitet wurde.

Klingt alles wunderbar zukunftsorientiert und innovativ. Allerdings wurde bereits in den 90er-Jahren die erste smarte Technologie in Unternehmen eingesetzt. Es waren die Besucherausweise, in der eine Software eingebaut war, und Sensoren ermittelten, wo der Besucher sich im Gebäude befand. Die erfassten Daten wurden der Rezeptionistin übermittelt. Somit war sie in der Lage jederzeit Telefonanrufe für den Besucher an das nächstgelegene Telefon zu vermitteln (Ramos et al., 2010). Viele gute Ansätze und Ideen aus den 90er-Jahren, insbesondere im Bereich Verwaltung und Administration wurden nicht weiterentwickelt. Investitionen wurden überwiegend in Rationalisierungsprojekte gesteckt. Es wird ein langer und mühsamer Weg werden diesen Innovationsstau aufzulösen.

**Der Weg zu einem smarten Office – den Arbeitsalltag planen mit einer smarten Software**

So könnte die Zukunft aussehen: Per App den Arbeitstag planen. Die Abb. 3.1 wurde in Anlehnung an einem Whitepaper von Siemens (Siemens Schweiz AG, Smart Infrastructure, 2020) erstellt und ergänzt um Informationen aus dem Video der Firma Comfy mit dem Titel „Intelligente Arbeitsplätze für dynamische Unternehmen" und „Büroraum – Management" (https://comfyapp.com/german-language-page). Die Original-Abbildung trägt die Überschrift „User Journey im Smart Office" und ist auf Seite 8 des Whitepapers von Siemens zu finden.

**Phase I – Arbeitstag planen –**

Arbeitsweg planen

Schreibtisch buchen

Besprechungs-Raum
reservieren

Teilnehmer einladen

Bewirtung organisieren

**Phase II – Eintreffen Gebäude**

ID – Erkennung

Navigation zum
Schreibtisch

Einloggen

Temperatur und
Beleuchtung
anpassen

Virtuellen Assistenten
aktivieren

Aktivitäten
aufzeichnen

Pausen planen

**Phase III – Ende des Arbeitstages**

Ausloggen

Hauskeeping buchen

Schließfach reservieren

Heimfahrt organisieren

Freunde treffen

**Abb. 3.1** Mit einem Klick den Arbeitstag planen. (Quelle: In Anlehnung an Siemens-Whitepaper (2020), S. 8. Das Büro der Zukunft: Der Mensch im Mittelpunkt)

**Phase I Arbeitstag planen**

Nach dem Wecken durch Ihren persönlichen Sprachassistenten werden Sie gefragt, ob Sie heute ins Büro gehen oder im Home-Office arbeiten. Heute entscheiden Sie sich klassisch ins Büro zu gehen, da Sie sich für eine Projektbesprechung mit einigen Kollegen online und offline treffen wollen. Aber vorher organisieren Sie Ihren Arbeitsweg. Die App auf Ihrem persönlichen Smartphone zeigt an, welches Transportmittel heute am effizientesten ist auch unter Berücksichtigung der Wetterprognose. Sie wählen das E-Auto, buchen einen Firmenparkplatz und eine Ladesäule. Danach prüfen Sie über den Raumplanungs-Assistenten, welcher Schreibtisch zur Verfügung steht und hoffen, einen am Fenster reservieren zu können. Anschließend buchen Sie einen Besprechungsraum, informieren die Teilnehmer, informieren das Housekeeping für die Bereitstellung von Getränken. Anschließend bauen Sie eine Verbindung zu Alexa auf und veranlassen, dass sie die notwendigen Dokumente für die Besprechung in einer Stunde an die Teilnehmer schickt.

**Phase II Der Arbeitstag – Eintreffen auf dem Firmengelände**

Vom Firmenparkplatz aus navigiert Sie ein Leitstrahl zu Ihrem Arbeitsplatz. Sie passieren die Zugangskontrolle entweder per Gesichtserkennung oder die ID in Ihrem Smartphone wird vom Kontrollsystem erkannt und öffnet die Eingangstür. Der Aufzug steht bereits bereit, ohne dass Sie den Knopf gedrückt haben oder sich durch eine Menschenmenge quälen mussten. Am Arbeitsplatz angekommen loggen Sie sich mit Ihrem Smartphone und dem Computer in die Cloud ein. Raumtemperatur und Licht können bequem über das Smartphone individuell angepasst werden. Der Sprachcomputer wird aktiviert und er erhält eine Liste von Aufgaben, die er zu erledigen hat. Sensoren, Kameras und Mikrofone messen ihre Aktivitäten und senden die gesammelten Daten an eine zentrale Datenbank. Die Pausen legen Sie selbstständig fest und drücken dazu den Pausenknopf auf Ihrem Smartphone. Die Mittagspause verbringen Sie entweder im firmeneigenen Restaurant, wo Sie sich bereits am Morgen für ein Menü entschieden haben, oder Sie gehen gemeinsam mit Kollegen auswärts essen.

Bei der Besprechung am Nachmittag ist gewährleistet, dass die Bestuhlung mit angemessenem Abstand erfolgt. Es werden Lüftung und Klima gemessen. Ein Sprachcomputer im Meeting-Raum übersetzt, wenn erforderlich, simultan die Diskussion in die jeweilige Landessprache der Teilnehmer. Am Ende des Meetings erhält jeder Teilnehmer automatisch ein Besprechungsprotokoll auf seine E-Mail-Adresse, das bereits während der Sitzung von einer intelligenten Software geschrieben wurde. Nach der Besprechung nformieren Sie per Klick den Reinigungsdienst, damit der Meeting-Raum bakterienfrei gesäubert wird.

**Phase III Ende des Arbeitstages**
Nach der Besprechung entschließen Sie sich nach Hause zu gehen. Informieren per App Ihre Familie. Schicken eine Einkaufsliste an den Lieferservice und teilen ihm mit, wann Sie die Waren brauchen. Danach loggen Sie sich aus dem Firmennetz aus, weisen den Sprachassistenten an, den Reinigungsdienst zu informieren, damit die von Ihnen benutzten Arbeitsutensilien gereinigt werden. Anschließend buchen Sie ein freies Schließfach für Ihre Arbeitsunterlagen. Jetzt ist es Zeit, die Heimfahrt zu organisieren und den Feierabend vorzubereiten.

Wie klingt das für Sie?
Ich bin überzeugt, es ist nur noch ein kleiner Schritt bis zu dieser Wirklichkeit. Die entsprechende App gibt es schon.

## 3.4    Wohlbefinden und Produktivität – die totale Überwachung

In diesem Abschnitt greife ich auf drei verschiedene wissenschaftliche Studien zurück, die zum einen intensive Literaturrecherche betrieben haben, um die Fundamente eines Smart-Office zu klären und zum anderen recherchiert haben, welche Technologien in einem Smart-Office genutzt werden können, um den Gesundheitszustand, das Wohlbefinden und beruflich bedingten Stress zu prognostizieren.
Die Forscher begründeten ihre Forschungsidee mit dem Hinweis, dass viele physische und psychische Gesundheitsprobleme in Verbindung ge-

bracht werden mit der Arbeit im Büro; insbesondere die Arbeitsplatz-
bedingungen mit negativen Folgen für die Effizienz und Produktivität
innerhalb der Organisation.

Die nachfolgenden Ausführungen diskutieren keine technischen Lösungen, sondern verdeutlichen, dass der Mensch und sein Wohlbefinden
im Zentrum der Idee von einem Smart-Office stehen. Die Technologie
ist lediglich das Hilfsmittel dazu. Selbstverständlich dürfen Effizienz und
Produktivität als Ziel nicht verleugnet werden. Effizienz und Produktivität durch einen verbesserten Gesundheitszustand aufgrund einer angenehmen Arbeitsplatzgestaltung.

**Die Studie von Zhang et al., 2022. Promoting employee health in
smart office: A survey**

Zhang et al. nannte die Körperhaltung, die Arbeitsplatzgestaltung und
psychische Gründe wie Stress, bedingt durch Arbeitsbelastung, als Verursacher von arbeitsbezogenen Krankheiten. Die Autoren haben rich-
tigerweise darauf hingewiesen, dass ein schlechter Gesundheitszustand
nicht nur die Lebensqualität der Menschen beeinträchtigt, sondern auch
die Effizienz und Produktivität am Arbeitsplatz.

Um den Mitarbeitern eine Prognose über ihren zukünftigen Gesundheitszustand anzubieten, halten die Autoren es für erforderlich, hierfür eine
entsprechende System-Architektur aufzubauen, die die kompletten Um-
gebungsdaten in einem Gebäude analysieren, wie beispielsweise Raumtemperatur, Lichtverhältnisse und Energieverbrauch. Zusätzlich ist es erforderlich, den aktuellen Gesundheitszustand der MitarbeiterInnen zu
erkennen und zu überwachen, z. B. Blutdruck, Herzschlag sowie chronischer Stress-Level. Dazu werden Kameras und Sensoren eingesetzt, die entweder die Mimik erfassen, die Körperhaltung oder die Computernutzung,
woraus sich ein bestimmtes gesundheitliches Muster ableiten lassen kann.

Die von Kameras und Sensoren erfassten Daten werden analysiert. Basierend darauf, wird ein individuelles Risikoprofil mit einem entsprechenden Maßnahmenkatalog erstellt. Ob es sich hierbei um eine
freundliche Empfehlung handelt oder um einen versteckten Zwang, wird
sich allerdings noch herausstellen. Spätestens wenn eine Tracking-
Software zum Einsatz kommt, die den Mitarbeitern darauf hinweist, die

vorgeschlagenen Maßnahmen umzusetzen bis hin zur Androhung von Konsequenzen, dann sind wir an einem Punkt, wo eine rote Linie überschritten wird.

**Die Studie von Alberdi et al., 2018. Using smart offices to predict occupational stress**
Eine weitere Studie, durchgeführt von Alberdi et al. (2018), verfolgte ein ähnliches Ziel wie die Untersuchung von Zhang et al. (2022). Auch hier geht es darum, wie mit Hilfe von smarter Technologie arbeitsbezogener Stress prognostiziert werden kann. Ferner war die Software in der Lage, Verhaltensveränderungen zu erkennen, die aufgrund mentaler Arbeitsbelastung mit typischen Verhaltensmustern übereinstimmten. Um das zu erreichen, wurden physiologische Signale aufgezeichnet, Computernutzung, und Mimik. Die Körperhaltung wurde mit Computerprotokollen und Videoaufnahmen dokumentiert. Eingesetzt wurden zudem Körpersensoren mit selbstklebenden Elektroden zur Aufzeichnung der Herzfrequenz.

Für diese Studie wurden die Probanden in eine typische Arbeitssituation versetzt, mit unterschiedlicher Arbeitsbelastung und typischen Stressoren, die den Arbeitsalltag permanent unterbrechen, wie eingehenden E-Mails, Telefonate oder unvorhergesehenen Meetings.
Die Ergebnisse haben bewiesen, dass Verhaltensänderungen bei Stress und mentaler Arbeitsbelastung sowie bei Änderungen der Arbeitsbedingungen vorhersagbar sind anhand der Körperhaltung sowie Computernutzung.

**Die Studie von Papagiannidis und Marikyan, 2020. Smart offices: A productivity and well-being perspective**
In eine etwas andere Richtung geht die Untersuchung von Papagiannidis und Marikyan (2020). Ihr Ziel war es aufzuzeigen, wie eine intelligente Informations- und Kommunikationstechnologie am Arbeitsplatz sich auf die Produktivität, speziell in einer Büroumgebung, auswirken kann. Die Autoren legten ihren Fokus explizit auf den Effekt von smarter Technologie, wobei es nicht um die Digitalisierung der Arbeit ging, sondern um die digitale Arbeitsumgebung, beispielsweise wie eine smarte Technologie die virtuelle Teamarbeit unterstützen kann, das Netzwerken in den sozialen Medien,

die Nutzung von privaten elektronischen Geräten und die Kreation einer angenehmen Büro-Atmosphäre.

Als Produktivitäts-Booster nannten die Autoren unter anderem die Erlaubnis über den uneingeschränkten Nutzen von persönlichen mobilen Geräten. Mit diesem Entgegenkommen sind die Nutzer ständig erreichbar und bekommen dafür die Freiheit eingeräumt, zu arbeiten, wann und wo sie wollen. Eine Arbeitsform, die 80 % der jüngeren Generation bevorzugt. Die Kehrseite der Medaille ist, dass ebenfalls 80 % dieser Nutzer während der Arbeitszeit private Dinge im Internet machen, was einen Produktivitätsverlust von 40 % zur Folge hat.

Als zusätzlichen Produktivitätstreiber wurde die Arbeitsumgebung wie Temperatur und Licht identifiziert. Papagiannidis und Marikyan (2020) verweisen dazu auf Studien, die herausgefunden haben, dass die Mitarbeiter-Performance nach oben geht, wenn die Temperatur nicht höher ist als zwischen 21 und 22 Grad. Eine Abweichung nach oben um nur einen Grad reduziert die Produktivität um 8,9 %. Eine Temperatur unter 20 Grad führt zu einer Reduzierung der physischen Verfassung und der geistigen Leistungsfähigkeit. Bei diesen Daten handelt es sich um Durchschnittswerte. Nicht berücksichtigt wurden die kulturellen Bedürfnisse. Wobei in den südlichen Ländern mit Sicherheit andere Grenzwerte gelten als in den nördlicheren Zonen. Nicht zu vergessen, die geschlechtsspezifischen Präferenzen. In der Regel frieren Frauen schneller als Männer. Auch spielt die Jahreszeit bei der Temperaturgrenze eine nicht unerhebliche Rolle. Eine Temperatur ist oft ein gefühlter Wert.

Zum Wohlbefinden der MitarbeiterInnen tragen auch die Lichtverhältnisse bei. Fehlendes Tageslicht beeinflusst die Sehqualität und führt zu Depressionen. Während der Zugang zu Tageslicht das physische und psychische Wohlbefinden positiv beeinflusst, wobei darauf zu achten ist, dass das Tageslicht nicht blendet oder so stark reflektiert, dass es zu geröteten und tränenden Augen führt. Auch kann die Farbe der Leuchtstoffröhren zu einer Beeinträchtigung führen. Hier kann der Einsatz von smarter Technologie helfen, die Lichtverhältnisse in den Innenräumen so zu regulieren, dass sie für die MitarbeiterInnen angenehm wirken und die Zufriedenheit und Produktivität positiv beeinflussen.

Neben einer smarten Technologie, die das Herzstück eines smarten Office ist spielen auch das Design und die Gestaltung der Büroräume eine wichtige Rolle. Beides haben eine positive Wirkung auf das Wohlbefinden der MitarbeiterInnen und Sie wisse ja „happy people are more productive".

**Chancen und Risiken von Smart-Office-Technologien**
Bei der Nutzung von Smart-Office-Technologien besteht eine große Gefahr, eine rote Linie zu überschreiten. Deutlich erkennbar ist dies in den Studien von Zhang (2022) und Alberdi (2018). Hier wurde deutlich, dass

- die Persönlichkeitsrechte der MitarbeiterInnen erheblich verletzt wurden,
- gegen ethische Grundsätze verstoßen wurde und
- in die gesundheitliche Privatsphäre eingedrungen worden ist.

Dies kann und darf nicht toleriert werden. Smart-Office-Technologien sollten niemals eingesetzt werden, um die Leistung der MitarbeiterInnen zu kontrollieren oder schlimmer noch als Gesundheitskontrolle, in dem Sensoren, Kameras, Gesichtserkennung oder Mikrofone ständig den Gemütszustand messen und analysieren. Das ist die falsche Zielsetzung. Ich bin mir sicher, dass weder die Arbeitnehmervertretung noch die MitarbeiterInnen dies tolerieren.

> Der Einsatz von smarter Technologie im Büro ist ethisch und moralisch vertretbar, wenn dadurch der Gesundheitszustand der Mitarbeiterinnen verbessert wird, wenn frühzeitig gesundheitliche Risiken aufgezeigt werden, natürlich nicht bezogen auf den einzelnen Mitarbeiter, sondern aggregiert und anonymisiert. Wenn darüber hinaus nicht wertschöpfende Administrationsaufgaben von einer smarten Technologie übernommen werden können, sind wir auf einem guten Weg nach „New Work".

## 3.5 Alexa, das fleißige Bienchen

Haben Sie einen Sprachassistenten zu Hause? Ich nicht.
Zu unserem Haushalt zählen ein Mäh-, Saug- und Wischroboter, die mich regelmäßig mit Informationen versorgen oder Fehlermeldungen auf mein Handy senden.

Aber eine Alexa habe ich nicht. Wussten Sie, dass es Menschen gibt, die Alexa als Ersatzpartner benutzen? Sie lassen sich morgens und abends freundlich von ihr begrüßen und unterhalten sich mit der Maschine, wie mit einem echten Menschen. Krass.

**Thema Sprachassistent im Büro**
Sprachassistenten haben in den letzten Jahren vermehrt Einzug gehalten in die Alltagsroutine vieler Familien. Sie werden benutzt, um einfache Aufgaben für uns zu erledigen, wie beispielsweise Licht ein- und ausschalten, Musiktitel suchen, Bestellungen auszuführen, Fahrpläne zu suchen, um nur einige zu nennen. Aber wie sieht der Einsatz von Alexa und Co in den Unternehmen aus? Ist die heutige Technologie bereits so weit ausgereift, dass sie tatsächlich ein integrativer Teil eines Smart-Office sein kann? Zweitens, sind die derzeitigen Modelle in der Lage, bestimmte Arbeiten für die MitarbeiterInnen zu erledigen? Wenn ja, welche? In diesem Zusammenhang geht es mir nicht um die bestehenden Sprachassistenten, die überwiegend im Handel oder Marketing zum Einsatz kommen, oder die uns durch ein strukturiertes Menü führen, bis wir unser Anliegen entweder gelöst werden konnte oder wir genervt aufgeben. Nein. Hier geht es um die technische Ergänzung innerhalb eines Smart-Office.

Die Autoren Bogdan et al. (2021) haben sich der Thematik angenommen und herausgefunden, dass für einfache Aufgaben wie Temperaturregeln, Licht ein- und ausschalten, Anwesenheitszeiten erfragen, Besprechungen organisieren, Alexa durchaus in der Lage war, dies zu erledigen. Bei komplexen Projektmanagement-Aufgaben scheint die Verständigung zwischen der Sprachsoftware Alexa und der Projektmanagement-Software noch nicht optimal zu funktionieren.
Ich bin überzeugt, da kommen wir noch hin: Alexa: „Wieviel Umsatz und Gewinn haben wir diesen Monat gemacht, und wie hoch sind die Abweichungen?"

## 3.6  Design und Layout

Im Zusammenhang mit der New-Work-Diskussion wurden oftmals neue Bürokonzepte als New Work verkauft. Einige Unternehmen haben die Idee aufgegriffen und viel Energie und Kosten investiert, eine moderne

Bürolandschaft zu gestalten. Hierbei kennt die Kreativität keine Grenzen. Gemütliche, farbenfrohe Sofas erinnern an eine Lounge in einem Luxushotel. Seitenversetzt angeordnete Sitzwürfel geben den MitarbeiterInnen die Chance, sich beim Sprechen nicht anschauen zu müssen. Die Besprechungstische und -stühle erinnern an ein modernes Esszimmer. Große Fenster spenden genügend Tageslicht, das so grell blendet, dass Sonnenblenden Abhilfe schaffen, die sich automatisch an das Tageslicht anpassen. Bei der Raumausstattung bekommt man das Gefühl, in einer modernen stilistisch geschmackvollen Wohnung zu arbeiten. Ein Büroeinrichtungshaus spricht sogar vom Büro als Kulturtankstelle und nennt ihr Konzept Work Wellness.

Sehr lobenswert, was Unternehmen in die Gestaltung einer neuen Arbeitswelt investieren. Wenn jetzt noch die Unternehmenskultur, die Führungskultur und das Arbeitsumfeld vorbildlich sind, dann werden die MitarbeiterInnen mit Sicherheit wieder gerne ins Büro kommen.

## 3.7   Fazit

Das Büro lebt und wird weiter leben. Nur anders. Smarter. Die Konzeptionierung eines modernen Smart-Office, wie es bereits einige große Unternehmen vorleben, verbunden mit einer ansprechenden Raumgestaltung, wird viele Firmen an ihre Grenzen bringen. Die Gründe dafür sind vielfältig. Bestehende Gebäude können aufgrund von baulichen und finanziellen Gegebenheiten nicht mehr auf die neuen Technologieanforderungen um- bzw. aufgerüstet werden. Oftmals ist es auch das fehlende Know-how über die Gestaltung eines Smart-Office und/oder ein Konzept, das nicht finanzierbar ist. Also muss ein Kompromiss her, der dann vielmals in Stückwerk oder selbst gestrickte Lösungen endet. Zudem wird von den Entscheidern die berechtigte Frage kommen: Was bringt es mir?

Die Antwort: Smart-Office ist die Zukunft und Bestandteil einer hybriden Arbeitswelt. Das eine funktioniert nicht ohne das andere. Neues Arbeiten braucht eine neue Bürolandschaft, verbunden mit einer effizienten Nutzung von Gebäudeflächen. Ob sich die Mitarbeiter-Performance und Effizienz durch ein neues Raumkonzept mit einer smarten Technologie verbessert, ist spekulativ und hängt von vielen anderen Faktoren ab. Wird die neue Technologie benutzt als Leistungskontrolle oder Überwachung, ist es nur ein kleiner Schritt hier eine rote Linie zu überschreiten. Im Vordergrund einer Smart-Office-Technologie steht der Mensch, der durch den Einsatz von neuen Technologien im Büro zum einen mehr Freiraum bekommt, seine Arbeit selbst zu gestalten. Auf der anderen Seite im Büro eine Arbeitsumgebung vorfindet, die sich positiv auf seine Psyche auswirkt und im Umkehrschluss zu einer höheren Effektivität, Produktivität und Effizienz führt.

## Literatur

Alberdi, A., Aztiria, A., Basarab, A., & Cook, D. J. (2018). Using smart offices to predict occupational stress. *International Journal of Industrial Ergonomics, 67*, 13–26. https://doi.org/10.1016/j.ergon.2018.04.005

Bogdan, R., Tatu, A., Crisan-Vida, M. M., Popa, M., & Stoicu-Tivadar, L. (2021). A practical experience on the Amazon Alexa integration in smart offices. *Sensors, 21*(3), 734, 1–21. https://doi.org/10.3390/s21030734

Cappelli, P. (2020). Mitarbeiter sind keine Maschinen. *Harvard Business manager* (12/2020), S. 34–41.

Comfy. (o.J.). https://comfyapp.com/german-language-page/. https://youtu.be/h5A5mJuQmlk; https://youtu.be/Quc0d-YeUdI. Zugegriffen am 2022.

definition-online.de/buero. (o. J.). https://definition-online.de/buero/. Zugegriffen am 2022.

Fayard, A.-L., & Weeks, J. (2021). Zukunft der Zusammenarbeit. Ein Ort für Chaos und Gefühle. *Harvard Business manager* (06/2021).

Papagiannidis, S., & Marikyan, D. (2020). Smart offices: A productivity and well-being perspective. *International Journal of Information Management, 51*, 1–11. https://doi.org/10.1016/j.ijinfomgt.2019.10.012

Ramos, C., Marreiros, G., Santos, R., & Freitas, C. F. (2010). Smart offices and intelligent decision rooms. In *Handbook of Ambient Intelligence and Smart Environments* (S. 851–880). Springer New York. https://doi.org/10.1007/978-0-387-93808-0

Schäfer, S. (2021). Ein Büro sollte wie eine Werkstatt sein. *brand eins Wirtschaftsmagazin*, S. 36.

SiemensSchweizAG. (2020). *Das Büro der Zukunft: Der Mensch im Mittelpunkt. Nutzerzentrierte Büros fördern die Mitarbeiterproduktivität.* Whitepaper.

Zhang, X., Zheng, P., Peng, T., He, Q., Lee, C. K. M., & Tang, R. (2022). Promoting employee health in smart office: A survey. *Advanced Engineering Informatics, 51*, 1–17. https://doi.org/10.1016/j.aei.2021.101518

# 4

# Remote Arbeiten ist mehr als Home-Office

**Zusammenfassung** Es gibt wohl kaum ein Thema, das nach dem Ende der Covid-19-Pandemie so kontrovers diskutiert wurde wie Home-Office. War es vor der Pandemie bei den Unternehmen eher ein untergeordneter Punkt, den man skeptisch gegenüberstand und zynisch mit „Nichtstun" assoziierte, ließ die Pandemie den Unternehmen keine Chance sich gegen die neue Realität zu wehren.

Während die meisten MitarbeiterInnen diese neue Wirklichkeit erstaunlich gut gemeistert haben, zeigten die Führungskräfte erhebliche Schwierigkeiten, mit dieser Situation umzugehen. Waren sie es doch gewohnt, ihre MitarbeiterInnen ständig um sich herum zu haben und bei Bedarf auf sie zuzugreifen. MitarbeiterInnen im ständigen Stand-by-Modus. Von einem auf den anderen Tag fiel dies weg. Nach einer kurzen Schockstarre ersetzten Endlos-Video-Konferenzen die persönliche Kontrolle.

Nach dem Ende der Home-Office-Pflicht war für die einen eine Rückkehr ins Büro ein Grund zur Kündigung und für die anderen ein „Gott sei Dank". Ob dieses Gefühl nachhaltig ist, oder ob die Sehnsucht nach dem Küchenstuhl wieder die Oberhand gewinnt, ist noch nicht ausdiskutiert. Viele positive Gefühle waren verbunden mit dem Arbeiten von Zuhause. Das Gefühl von Autonomie, höhere Effizienz, weniger Störfaktoren, gewonnene

D. Dull, *New Work – die Illusion von der großen Freiheit*,
https://doi.org/10.1007/978-3-658-41220-3_4

Lebenszeit oder mehr Zeit für kreatives Arbeiten. Für viele schien der Traum von der großen Freiheit wahr zu werden. Leider ein Trugschluss. Remote Arbeiten bedeutet nicht, grenzenlose Freiheit und Selbstbestimmung auch nicht in der Gedankenwelt von New Work. Vermisst wurde der persönliche Kontakt und viele haben an der Einsamkeit gelitten.

In einer ähnlichen Situation befinden sich die Unternehmen. Es müssen Antworten gefunden werden zu Präsenzzeiten, Erreichbarkeit, Home-Office, Mobiles-Arbeiten oder hybride Arbeitszeitmodelle. All dies sind Elemente, die den Weg in eine neue Arbeitswelt gestalten und Teil einer Unternehmensstrategie sein müssen. Ganz gleich für welche Variante sich ein Unternehmen entscheidet, wird es Auswirkungen haben auf die Führungskultur, die Organisationskultur, die Mitarbeitermotivation und letztendlich auf die Attraktivität der Firma. Jedoch zu glauben, Remote-Arbeiten anzubieten reiche aus, um das als New Work zu verkaufen, ist eine Illusion.

## 4.1   Home-Office – hieß es früher Heimarbeit?

Heimarbeit hat eine lange Tradition. Schon früher gab es die Möglichkeit, von zu Hause aus Geld zu verdienen. Erst waren es die Landarbeiter, die später dann in die Fabriken einzogen. Für sie war es ein willkommener Nebenverdienst als Leinenweber oder Strumpfwirker in den eigenen vier Wänden Produkte zu fertigen. Die Männer saßen mehr als 12 h an den Wirkerstühlen, die Frauen nähten Strümpfe oder Handschuhe zusammen, und die Kinder arbeiteten zu (Pabstmann & Wiegand-Stempel, 2020). Führend in der Vergabe von Heimarbeit war die Textilindustrie.

Später war es die Art von Heimarbeit, wo zwischen Frühstück, Mittagessen, Hausarbeit und Abendessen einfache Tätigkeiten für Firmen ausgeführt wurden. Es waren überwiegend Frauen, die diese Tätigkeit ausübten. Somit konnten sie in den eigenen vier Wänden neben Familie und Haushalt ein zusätzliches Einkommen generieren. Manchmal arbeitete die ganze Familie mit. Maschinen und Arbeitsmittel wurden bereitgestellt und es gab Zeitvorgaben. Bezahlt wurde pro Stück, aber nur, wenn die Qualität stimmte. Das fertige Produkt wurde von den Unternehmen abgeholt.

Heimarbeit ist kein Relikt aus der Vergangenheit und noch lange nicht ausgestorben, sondern bis heute im 21. Jahrhundert eine willkommene

Gelegenheit für viele Menschen von zu Hause aus Geld zu verdienen. Betrachten wir die wirtschaftliche Lage, in der wir uns heute im Jahr 2023 in Deutschland befinden, wo die Inflationsrate Rekordniveau erreicht hat, die gestiegenen Benzin-, Gas- und Heizölpreise, die selbst die Mittelschicht finanziell an ihre Grenzen bringt, hier kann seriöse Heimarbeit manche Menschen oder Familien vor dem wirtschaftlichen Ruin retten.

> Ist Heimarbeit dasselbe wie Home-Office?

**Abgrenzung Heimarbeit zu Home-Office**
Die größten Gemeinsamkeiten zwischen Heimarbeit und Home-Office sind:

- Die Arbeiten können in den eigenen vier Wänden ausgeführt werden.
- Die MitarbeiterInnen bestimmen Anfang und Ende der Arbeitszeit.
- Die Arbeitsmittel werden vom Arbeitgeber respektive Auftraggeber zur Verfügung. gestellt.

Die wesentlichen Unterschiede zwischen Heimarbeit und Home-Office:

- HeimarbeiterInnen sind keine Arbeitnehmer im Sinne des BetrVG.
- HeimarbeiterInnen haben keinen Vorgesetzten.
- Heimarbeiterinnen sind organisatorisch nicht eingebunden.
- HeimarbeiterInnen bestimmen selbst, welche Aufgaben sie annehmen.
- HeimarbeiterInnen haben eine eigene Gesetzgebung; das Heimarbeitsgesetz und unterliegen nicht dem BetrVG noch den einschlägigen Arbeitsgesetzen.
- HeimarbeiterInnen müssen nicht zwingend erreichbar sein.

> **Fazit**
> Die Unterschiede zwischen Heimarbeit und Home-Office sind wesentlich größer als die Gemeinsamkeiten.
> Beim Home-Office handelt es sich nicht um ausgelagerte Arbeiten, sondern um vertraglich vereinbarte Aufgaben, die in den vier Wänden des Arbeitnehmers oder der Arbeitnehmerin ausgeführt werden können.

Bei Heimarbeit handelt es sich oftmals um Aufgaben, die aufgrund von konjunkturbedingten Schwankungen für einen zeitlich begrenzten Zeitraum anfallen. Zudem sind es überwiegend einfache Tätigkeiten, die keine besonderen Vorkenntnisse oder Kompetenzen erfordern. Gerade deswegen wäre es denkbar, dass Heimarbeit eine Renaissance erlebt und zu einem alternativen Arbeitsmodell wachsen könnte, das sowohl für die eigenen MitarbeiterInnen als auch für externe Menschen ein willkommener Zusatzverdienst sein kann.

## 4.2   Bloß nicht zurück ins Büro – oder Gott sei Dank

Am 20. März 2022 endete die Home-Office-Pflicht. Ab diesem Zeitpunkt waren die Arbeitgeber nicht mehr gezwungen, ihre Beschäftigten von zu Hause aus arbeiten zu lassen. Für viele MitarbeiterInnen unvorstellbar, wieder zurück ins Büro zu müssen. Zurück zu einer Präsenzkultur und zurück in ein System, das oftmals nichts mit einer modernen Arbeitswelt zu tun hat.

Dann gab es noch diejenigen, die es nicht erwarten konnten, den heimischen Schreibtisch einzutauschen gegen den Schreibtisch im Büro. Den Schreibtisch mit den persönlichen Gegenständen in den Schubladen oder den Familienbildern. Der Schreibtisch, der das Gefühl vermittelt, alles bleibt, wie es ist, der einen glauben macht, einen sicheren Arbeitsplatz zu haben. Was ein Trugschluss ist. Neben dem geliebten eigenen Schreibtisch haben die Gern-ins-Büro Zurückkehrer auch den persönlichen Kontakt mit den KollegInnen vermisst, den Schwatz in der Kaffeeküche und „ich komme mal kurz vorbei".

**Die offiziellen Gründe, warum MitarbeiterInnen nicht zurück ins Büro wollen**

Die Gründe liegen nicht immer allein beim Unternehmen oder den Führungskräften. Es können ebenso gut persönliche oder organisatorische Ursachen sein, die den MitarbeiterInnen den Weg zurück ins Büro schwer machen. Beispielsweise haben sich die Lebensumstände verändert; das kann von der Betreuung oder Pflege von Angehörigen oder Kindern reichen bis hin zur eigenen Krankheit oder plötzlich alleinerziehend zu sein. Die am häufigsten genannten Ursachen lieber das heimische Büro zu bevorzugen, sind die Störfaktoren, die ein konzentriertes Arbeiten im Betrieb oft unmöglich machen:

*Erster Störfaktor* **Unterbrechung.** Kennen Sie das auch? Sie sitzen gerade über einem wichtigen Projekt oder einem Kundenangebot, das unbedingt heute noch raus muss, oder bereiten sich auf ein schwieriges Mitarbeitergespräch vor. Die Tür zu ihrem Büro ist geschlossen. Trotzdem streckt ein KollegIn oder MitarbeiterIn den Kopf durch die Tür, mit dem berühmten Satz: „Ich brauche nur eine Minute". Was machen Sie in dieser Situation? Wegschicken oder zuhören? Zweiter Störfaktor **Das permanente Klingeln des Telefons,** das ein konzentriertes Arbeiten unmöglich macht. Alles ist wichtig und dringend. Jeder erwartet sofort eine Antwort auf sein Problem. Dritter Störfaktor **Chatnachrichten oder spontane Endlos-Meetings** (Thomas, 2021). Im Home-Office kommen diese Formen von Unterbrechungen seltener vor, weil die MitarbeiterInnen in der Lage sind, Störfaktoren besser zu steuern.

Interessant sind die Aussagen von interviewten ArbeitnehmerInnen, die Jalagat und Jalagat (2019) in ihrem Artikel zum Thema Home-Office zitieren. Die Befragten sagten aus, dass sie sich viel wohler fühlten, wenn sie ihre Aufgaben in Eigenverantwortung erledigen können. Im Büro besteht immer die Gefahr, dass der Vorgesetzte ihnen vorschreibt, was sie zu erledigen haben und das gehe auf Kosten der Selbstständigkeit und Flexibilität.

Ergänzend dazu werden in der Literatur Annahmen getroffen oder Aussagen von Befragten zitiert, dass das Arbeiten von zu Hause es ermöglicht, kreativer und innovativer zu sein und, Beruf- und Privatleben besser vereinbaren zu können. Hinzu kommt die gewonnene Lebenszeit durch das Wegfallen von Fahrzeiten zum Arbeitsplatz und die damit verbundenen eingesparten Kosten (Beck, 2019; George et al., 2022). Ein unschlagbares Argument für das Arbeiten von zu Hause.

Ablenkung, ungestörtes und selbstständiges Arbeiten sind oftmals nicht die alleinigen Gründe, warum ArbeitnehmerInnen lieber von zu Hause arbeiten. Denn auch im Home-Office ist es nicht möglich, permanent ungestört und konzentriert zu arbeiten. Aber dazu später mehr.

**Die möglichen wahren Gründe, warum viele ArbeitnehmerInnen lieber nicht zurück ins Büro wollen**

Ist es vielleicht nicht eher so, dass durch die Pandemie und der Lockdown ein Umdenken bei den Menschen stattgefunden hat und viele zu dem Entschluss gekommen sind, dass sie nicht mehr in das alte System zurückkehren wollen? Ein System, das ihnen vorschreibt, wann, wieviel und wo sie arbeiten müssen. Ein System, wo MitarbeiterInnen sich in einem Kästchen wiederfinden und ein Vorgesetzter ihnen vorschreibt, wie und welche Aufgaben sie zu erledigen haben. Ein Vorgesetzter, der es nie schaffen wird, sich von seinen alten Verhaltensmustern zu trennen. Und dann noch ein System, das in das Privat- und Familienleben der Menschen eingreift. Kurzum: MitarbeiterInnen streben danach, dieses Korsett abzulegen. Lebens- und Karriereziele werden hinterfragt und wenn möglich neu geordnet (Johnson, 2022). Vielleicht sind wir jetzt an einem tiefgreifenden Wendepunkt angekommen, wo die Menschen nur noch das machen wollen, was ihnen Befriedigung gibt.

Ganz klar, dieser Umbruch wird nicht für alle möglich sein. Nicht jedes Unternehmen wird vor derselben Problematik stehen, dass ihre ArbeitnehmerInnen nicht mehr zurück ins Büro wollen. Dennoch bin ich der Auffassung: Es werden viele sein, die vor diesem Umbruch stehen. Ein bisschen Home-Office und neues Raumdesign werden MitarbeiterInnen nicht bewegen können, wieder gerne ins Büro zurückzukommen.

> **Fazit**
> Die Herausforderungen sind viel komplexer: Die Unternehmen müssen sich von innen heraus neu erfinden.

## 4.3  Warum ein zurück ins Büro cool sein kann

Nicht jeder befindet sich in einer privilegierten Situation und hat im eigenen Haus oder in einer großen Wohnung einen separaten Arbeitsraum, in dem er ungestört arbeiten kann. Insbesondere in Ballungsregionen, wo Wohnraum teuer ist, ist der private Lebensbereich oftmals auf wenige Quadratmeter begrenzt, der vielfach mit anderen Familienmitgliedern geteilt werden muss. Home-Office findet dann entweder am Küchentisch statt oder in einer Ecke im Schlaf- oder Wohnzimmer.

Hier fängt das erste Problem an, Technik, Ergonomie, Arbeitssicherheit und Gesundheitsschutz. In der Pflicht steht der Arbeitgeber. Er muss gewährleisten, dass der MitarbeiterIn in seiner Wohnung entsprechend den gesetzlichen Vorgaben seine Arbeit verrichten kann. Ungestörtes und konzentriertes Arbeiten, wie viele Home-Office-WorkerInnen als Grund angeben, warum sie nicht ins Büro zurückwollen, ist nur dann gegeben, entweder als Single-Haushalt oder als kinderloses Paar. Ist dies nicht der Fall, fangen die Unterbrechungen spätestens dann an, wenn die Kinder aus der Schule kommen. Derjenige Elternteil, der von zu Hause aus arbeitet, wird zwangsläufig der Situation ausgesetzt sein, sich um die Kinderbetreuung zu kümmern, d. h. in dieser Zeit ist er/sie entweder gar nicht erreichbar oder nur eingeschränkt. Viele Home-Office-LiebhaberInnen sehen das als wertvollen Pluspunkt, die bessere Vereinbarkeit von Familie und Beruf und argumentieren, dass sie ihre Arbeit abends nachholen. Sind diese Stunden dann als Überstunden zu vergüten oder gar mit Nachtzuschlag?

Stress kommt auf, wenn eine Video- oder Telefonkonferenz länger dauert als geplant und die Kinder von der Kindertagesstätte abgeholt werden müssen (Rump, 2021). Problematisch wird es außerdem, wenn der Arbeitsplatz zwischen Familienmitglieder geteilt werden muss.

Und wie sieht es mit dem technischen Support aus? Angenommen, es treten Probleme mit der Soft- oder Hardware auf. Ein „kannst du mal schnell vorbeikommen", ist im Home-Office nicht möglich. Hier gelten dann strikt die Regeln nach dem Ticket-Prozedere und das bedeutet warten, bis sich jemand von der Fachabteilung meldet. Geht der technische Support so weit, dass defekte Hardware beim Home-Office-WorkerIn abgeholt oder repariert werden? Und dann ist da noch die Thematik mit dem langsamen Internet, insbesondere wenn man auf dem Land wohnt, kann ein Zugriff auf Firmendaten schon mal viel unproduktive Zeit kosten.

Nicht zu unterschätzen ist der zwischenmenschliche Aspekt, der mit dem Home-Office einhergeht. Verrichten ArbeitnehmerInnen ihre Aufgaben überwiegend von zu Hause aus, sind sie für KollegInnen, Vorgesetzten und anderen Menschen in der Organisation nicht mehr sichtbar und wahrnehmbar. Man bleibt als Person unbekannt. Die Zugehörigkeit geht verloren. Zwar sind Vorgesetzte in der Pflicht, durch Video-Konferenzen oder Telefonate eine persönliche Bindung zu dem MitarbeiterIn herzustellen. Schwieriger allerdings wird es, eine gute Beziehung zu den KollegInnen aufrechtzuerhalten, die lieber ihre Arbeitszeit im Büro verbringen. Es ist der kurze Schwatz nach einem Video-Meeting, die Stimmung in einer Projektbesprechung, die Gesten und die Körpersprache, die ein virtuell teilnehmendes Teammitglied nicht erlebt. Die emotionale Bindung geht dadurch verloren. Ganz zu schweigen von einer fehlenden Team-Dynamik, oder guten Team-Kultur, die sich bei virtuellen Besprechungen kaum bis gar nicht entwickeln kann. Passend dazu die Aussage von einer Publizistin der Generation Y: „Für mich bleibt das reine (und selbst das überwiegende) Remote-Arbeiten dennoch vielmehr Horrorvorstellung als Wunschtraum. Aus zwischenmenschlichen Gründen". Für sie sind ihre Arbeitskollegen die besten und engsten Freunde geworden (Flachsenberg, 2022). Und die meisten haben ihren PartnerIn während der Arbeit kennengelernt und nicht im Home-Office.

Eine weitere Tatsache, die gerne übersehen wird, dass es Menschen gibt, denen es aufgrund ihrer Persönlichkeitsstruktur schwerfällt, effizient und effektiv im Home-Office zu arbeiten. Es sind diejenigen, die große Probleme haben, sich auf eine Aufgabe zu konzentrieren, es sind die, die sich gerne von allem und jeden ablenken lassen, lieber im Internet surfen und persönliche Nachrichten schreiben oder kommentieren als geschäftliche E-Mails zu beantworten. Es sind die Persönlichkeiten, die klare Anweisungen und Vorgaben benötigen, entweder weil sie Orientierung brauchen oder weil sie mit Freiheit und Verantwortung nicht umgehen können.

Entscheiden sich Unternehmen, ihren ArbeitnehmerInnen Home-Office anzubieten, stellt sich für mich die Frage nach der Motivation. Sind die Überlegungen rein materialistisch geprägt, um die Fixkosten zu senken, oder einfach, weil es trendy ist, dann hat diese Denke nichts mit New Work zu tun. Es ist das Denken in alten Strukturen.

## 4.4 Home-Office macht glücklich und produktiv – wirklich

Es gibt viele Gründe, MitarbeiterInnen die Möglichkeit zu geben, im Home-Office zu arbeiten. Unternehmen, die es nicht tun, werden in den Medien und sozialen Netzwerken geradezu an den Pranger gestellt. Gebetsmühlenartig wird darauf hingewiesen, wie das Arbeiten im Home-

Office die Effizienz, Effektivität und Produktivität der ArbeitnehmerInnen steigert. Manifestiert werden diese Annahmen durch Befragungen und empirische Untersuchungen, um die letzten Zweifler von der Notwendigkeit Home-Office anzubieten, zu überzeugen. Beiläufig, wenn überhaupt, wird auf die negativen Konsequenzen hingewiesen.

In diesem Abschnitt werden sowohl die positiven als auch die negativen Auswirkungen von Home-Office auf das Wohlbefinden der Menschen beleuchtet. Zugrunde gelegt werden empirische, wissenschaftliche Untersuchungen, die sich mit dem Problem auseinandergesetzt haben.

Es existieren erstaunlich wenig fundierte wissenschaftliche Studien, die einen direkten Zusammenhang zwischen Arbeiten von zu Hause, Produktivität und Wohlbefinden beweisen. Entweder sind es nur deskriptive Auswertungen oder die Stichprobe ist so klein, dass sie nicht repräsentativ ist, siehe Felstead und Henseke (2017); Franken et al. (2021). Befragungen hingegen bekommt man massenhaft. Diese reichen meines Erachtens aber nicht aus, einen validierten Zusammenhang aufzuzeigen. Und natürlich kommt es darauf an, wie, wann und wen man fragt.

Erwähnen möchte ich an dieser Stelle, dass die meisten Untersuchungen, während der Covid-19-Pandemie durchgeführt wurden, wo die Befragten entweder im Lockdown waren oder kurz danach. Für die MitarbeiterInnen war diese Situation mit einer Art Aufbruchstimmung und positiven Gefühlen verbunden. Endlich frei und selbstbestimmt arbeiten zu können.

Natürlich existieren auch Studien zu Home-Office vor der Pandemie, wobei hier darauf geachtet werden muss, ob es sich um Home-Office oder um Heimarbeit handelt. Bei meiner Recherche bin ich auf drei Untersuchungen gestoßen, die mit anerkannten statistischen Methoden einen Zusammenhang zwischen Arbeiten im Home-Office, Produktivität und dem Wohlbefinden der MitarbeiterInnen untersucht haben.

Die empirische Untersuchung, beispielsweise von Niebuhr et al. (2022), hat ergeben, dass die technische Ausstattung im Home-Office einen positiven Effekt auf die Zufriedenheit, auf stressbezogene Symptome und auf die Leistungsfähigkeit hat. Negative Auswirkungen auf die Zufriedenheit und auf stressbezogene Symptome haben die höhere Wochenarbeitszeit im Home-Office. Positiv auf die Zufriedenheit wirkt sich wiederum autonomes Arbeiten aus.

Die Autoren Guler et al. (2021) haben herausgefunden, dass „working from home" einen positiven Effekt auf die Produktivität gezeigt hat. Die Befragten bewerten sich selbst als weniger gestresst, effizienter und hatten eine deutlich bessere Arbeitsqualität. Negativ bewerten sie die Auswirkungen von Home-Office auf ihre Gesundheit, insbesondere berichteten die TeilnehmerInnen von starken Rückenschmerzen durch eine inadäquate Büroausstattung, Gewichtszunahme und hohen Konsum von ungesundem Essen (junk-food). Auch diese Studie ist mit Vorsicht als relevant zu bewerten, da die Stichprobe mit n = 194 viel zu klein ist, um eine allgemeingültige Schlussfolgerung daraus zu ziehen.

Umfangreicher ist die Untersuchung des Instituts der deutschen Wirtschaft, durchgeführt von Flüter-Hoffmann und Stettes (2022). Die Autoren zitieren in ihrem Bericht Studien, die aufgezeigt haben, dass Beschäftigte aussagten, im Home-Office produktiver, effizienter und effektiver arbeiten zu können (Flüter-Hoffmann & Stettes, 2022, S. 27). Stichprobenartig habe ich mir die Referenzen angeschaut. Es handelt sich vielfach um Befragungen, die während der Corona-Pandemie durchgeführt wurden, als die Beschäftigten gezwungen waren, im Home-Office zu arbeiten. In der Tat haben die Befragten durchweg angegeben, in den eigenen vier Wänden effizienter und produktiver zu arbeiten, was keine Überraschung ist, da der Wunsch nach „working from home" stark zugenommen hat. Infolgedessen wäre es auch nicht zu erklären gewesen, wenn die Mehrzahl der Befragten zwar den Wunsch nach mehr Home-Office äußerten und gleichzeitig ihre Produktivität negativ bewerten. Interessant ist, dass die Studie offen darlegt, dass die Mehrzahl der befragten Unternehmen (60 %) keine Produktivitätsverbesserungen der Beschäftigten wahrgenommen haben, als diese während der Pandemie von zuhause gearbeitet haben (Flüter-Hoffmann & Stettes, 2022, S. 27 f.).

Die Autoren van der Lippe und Lippényi (2019) fokussierten sich in einer groß angelegten empirischen Untersuchung in neun europäischen Ländern, 259 Unternehmen, 869 Teams und einer Stichprobe von 11.011 MitarbeiterInnen auf die Problematik von Home-Office und Team-Performance. Es ist sehr spannend, was sie herausgefunden haben. In kurzen Worten: Einzelne ArbeitnehmerInnen erbringen bessere Leistungen, wenn ihre KollegInnen nicht von zu Hause aus arbeiten und je höher der Anteil der Mitarbeiterinnen ist, die von zu Hause aus arbeiten, desto schlechter ist die Leistung des Mitarbeiters. Zweitens zeigte sich, dass die von der Führungskraft berichtete Teamleistung schlechter ist, wenn die MitarbeiterInnen häufig im Home-Office arbeiten (van der Lippe & Lippényi, 2019).

Es gibt viele Annahmen, Vermutungen und Aussagen von repräsentativen Gruppen über den positiven Effekt von Home-Office auf die Produktivität oder das Wohlbefinden der ArbeitnehmerInnen. Fundierte wissenschaftliche Beweise können nur durch Langzeitstudien mit standardisierten Messinstrumenten erfolgen und werden zeigen, ob die Euphorie in Frust endet oder ob der positive Effekt tatsächlich nachhaltig ist. Insbesondere, wenn MitarbeiterInnen keine eindeutigen Grenzen zwischen Arbeitszeit und Privatleben ziehen können; wenn Wochentage auf Samstage, Sonntage und Feiertage ausgeweitet werden; wenn MitarbeiterInnen im Home-Office den Zwang verspüren, E-Mails, Telefonate oder Video-Konferenzen auch außerhalb der üblichen Bürozeiten durchzuführen, geraten sie in einen Teufelskreis, aus dem es schwer sein wird, wieder auszubrechen.

Und: Home-Office macht einsam. Einsamkeit ist Gift für die Psyche und dem seelischen Wohlbefinden. Einsamkeit ist der Verursacher vieler mentaler Krankheiten wie Depressionen, Angstzustände, chronischer Stress und Schlaflosigkeit (Banerjee & Rai, 2020). Dreher (2021) hat sich intensiv mit dieser Problematik beschäftigt. Er hat herausgefunden, dass soziale Isolation im Home-Office einen signifikanten negativen Zusammenhang aufzeigt zur Arbeitszufriedenheit. Das bestätigt einmal mehr die Wichtigkeit von persönlichen Kontakten.

## 4.5   Arbeiten von irgendwo – klingt gut – aber geht das so einfach

Mobiles Arbeiten erlaubt den ArbeitnehmerInnen eine uneingeschränkte Flexibilität ihrer Arbeitszeit und des Arbeitsortes, so die vielfache Meinung der Theoretiker. Vereinbart wird lediglich eine Zeit der Erreichbarkeit. Die Digitalisierung wird es möglich machen, dass viele Aufgaben von irgendwo erledigt werden können. Allerdings werden die Digitalisierung, die Kunden, interne Abläufe den schönen Traum von der grenzenlosen Freiheit ziemlich erschüttern. Digitale Abläufe beispielsweise fordern Handlungen an einem festgelegten zeitlichen Datenpunkt. Wird dieser missachtet oder verpasst aufgrund von Zeitverschiebungen, kommt die Prozesskette ins Stocken. Denn der Kunde, die KollegInnen erwarten zeitnahe Lösungsvorschläge für ihre Probleme. Denen ist es egal, in welchem Teil der Welt oder Zeitzone sich der Remote-WorkerIn gerade befindet oder ob das Internet auf den Malediven gerade zusammengebrochen ist.

## » Arbeiten von irgendwo ist die Illusion der großen Freiheit

### 4.5.1  Mobiles Arbeiten im Ausland

„Ich bin dann mal weg" ist die Nachricht, die der verantwortliche Abteilungsleiter von seinem MitarbeiterIn in seinem Postfach findet. Ergänzend wird ihm noch mitgeteilt, in welchem Ländern sein/ihr MitarbeiterIn sich in den nächsten Monaten aufhalten wird, um von dort aus seine/ihre Arbeit zu erledigen. Laut Unternehmen ist das möglich. Es wurde in den sozialen Medien und auf der Homepage ausgiebig Werbung gemacht, mit dem Slogan „Unsere MitarbeiterInnen" können von überall auf der Welt arbeiten. Selbst die Tagesschau wirbt in ihrer Sendung vom Februar 2022 für das Smartworker-Paradies in der Toskana (Seisselberg, 2022), wo ein kleiner Ort Menschen aus aller Welt einen idyllischen Ort bietet für Home-Office. Schnelles, stabiles Internet und Zuschüsse von der Gemeinde für die Anmietung von Wohnraum haben die Nachfrage in die Höhe getrieben.

Als ehemalige HR-Verantwortliche kommen mir sofort folgende Fragen in den Sinn:

- Wer bezahlt die Reisekosten von und zum Arbeitsplatz ins Ausland?
- Haben die MitarbeiterInnen Anspruch auf eine Verpflegungspauschale analog zur Dienstreise?

- Können Familienangehörige, Kinder und Haustiere mitgenommen werden auf die digitale Tour? Übernimmt die Firma einen Teil der Kosten?
- Bekommt der MitarbeiterIn von der Firma ein Wohngeld-Zuschuss wegen doppelter Haushaltsführung?
- Was ist mit Versicherungsschutz im Ausland?
- Was passiert, wenn im Ausland eine Epidemie ausbricht, oder Krieg oder eine Naturkatastrophe? Sorgt das Unternehmen für die sichere Ausreise?
- Brauchen die MitarbeiterIn eine Aufenthalts- oder Arbeitserlaubnis? Wer kümmert sich darum?
- Sind die zusätzlichen Aufwendungen budgetiert?
- Was ist mit Datenschutz und Arbeitssicherheit?
- Präsenzzeiten: ja oder nein?
- Wie hoch ist die Arbeitszeitautonomie?
- Gelten die Betriebsvereinbarungen uneingeschränkt weiter?
- Der Konflikt zwischen Erreichbarkeit und Zeitverschiebung.

Bitte verstehen Sie diese Auflistung nicht als Showstopper oder typisch deutschem Bürokratismus, sondern es ist lediglich ein Hinweis darauf, welche Ansprüche von den schön formulierten Firmen-Versprechen abgeleitet werden könnten. Kritisch diskutiert wird diese Problematik von Claudine Gemeiner (2022), die auf die arbeits- und sozialversicherungsrechtlichen Risiken beim Arbeiten im Ausland hinweist. Gemeiner empfiehlt eine Beschränkung auf europäische Länder.

Ein weiterer offener Punkt, der zu klären ist, ist die Festlegung der Funktionen, die für das digitale Nomadentum geeignet sind. Der Umgang mit dem Faktor Neid und welche Anreize Sie denjenigen bieten, denen es nicht möglich ist, ihre Arbeit von irgendwo auszuführen.

Prüfen Sie, ob die Organisation die notwendige Reife hat, MitarbeiterInnen zu ermöglichen, ihren Arbeitsplatz ins Ausland zu verlegen. Definieren Sie Zeitraum, Länder und Rahmenbedingungen. Überlassen Sie die Organisation den Mitarbeitern.

## 4.5.2   Mobiles Arbeiten – es muss ja nicht gleich das Ausland sein

Mobiles Arbeiten kann von vielen Orten aus erfolgen. Die Voraussetzung ist ein tragbarer Laptop und ein Internet-Anschluss. Vorstellbar sind die kuriosesten Plätze, die sich der MitarbeiterIn sucht. Von der Almhütte bis zum Campingbus, Freibad oder Internet-Café, alles ist denkbar. Am einfachsten für alle Beteiligten – MitarbeiterInnen und Unternehmen – wäre entweder ein Unternehmensstandort in einer anderen Stadt oder „Co-Working-Spaces".

> „Co-Working-Spaces ist ein ähnlicher Anglizismus für Geschäftskonzepte, die Arbeitsplätze und Infrastruktur (Netzwerk, Drucker, Scanner, Fax, Telefon, Besprechungsräume) befristet zur Verfügung stellen. Der Unterschied zur Bürogemeinschaft ist die Mischung verschiedener Berufe und die geringere Verbindlichkeit" (Coworking – Wikipedia, 2022).

Das Zurverfügungstellen von Co-Working-Spaces hat viele Vorteile. Die Räume werden vom Unternehmen angemietet und können direkt von den MitarbeiterInnen gebucht werden. In Co-Working-Spaces arbeiten entweder nur Menschen aus der eigenen Firma oder die Räumlichkeiten werden mit anderen Personen geteilt. Die zufällig zusammengefundene Gemeinschaft kann sich gegenseitig bereichern. Man geht zusammen zum Mittagessen oder gestaltet gemeinsam den Feierabend. Dazu ein schöner Beitrag, den das Fernsehen im April 2021 ausgestrahlt hat, mit dem Titel „Moderne Arbeitswelt trifft Landleben" (von Petersdorff, 2021). Es wird darüber berichtet, wie in einem kleinen Dorf, außerhalb von Berlin, ein Co-Working-Space mit modernster Technik und schnellem Internet entstanden ist. Ein Trend, der sich ausbreitet und Dörfer beleben kann.

Co-Working-Spaces anzubieten, ist aus meiner Sicht eine exzellente Alternative zum Home-Office. Mit diesem Arbeitsmodell bieten Sie Mobilität, die sowohl für die ArbeitnehmerInnen als auch für das Unternehmen ein echter Gewinn ist.

## 4.6   Hybrides Arbeiten – best out of both

Es ist schwer zu glauben, dass ArbeitnehmerInnen ausschließlich im Home-Office, in Co-Working-Spaces oder von irgendwo arbeiten möchten. Menschen sind soziale Wesen und brauchen den persönlichen Kontakt. Sie wollen sich mit anderen messen, persönlich kommunizieren, diskutieren, lernen oder streiten. Das Institut der deutschen Wirtschaft (Flüter-Hoffmann & Stettes, 2022, S. 16) zitiert in ihrer Studie Untersuchungen, die belegen, dass MitarbeiterInnen den Wunsch haben, weiterhin im Home-Office zu arbeiten, allerdings auf einem niedrigeren Niveau als während des Lockdowns. Unklar ist, wieviel Prozent der Beschäftigten gerne weiterhin von Zuhause aus arbeiten möchten und wie hoch der Anteil von Tagen ist, die nicht im Büro verbracht werden.

Derzeit geht der Trend hin zum hybriden Arbeitsmodell – eine Kombination von Remote-Arbeiten und Präsenzzeiten im Betrieb – und wird derzeit von vielen Autoren propagiert als das neue Normal. Das Fraunhofer-Institut spricht von: „Die Zukunft der Arbeit ist hybrid". (Hofmann, 2020)

Für Manager und Führungskräfte mit globaler oder überregionaler Verantwortung ist diese Art von Arbeiten nicht neu. Ihre Teammitglieder sind seit Jahren über den Globus verteilt und es gibt nur wenig Anlässe, dass man sich persönlich trifft. Komplexer wird die Situation für Unternehmen, wenn zukünftig die lokal Arbeitenden zusätzlich ihren Arbeitsort frei wählen können.

Wesentliche Punkte, die unbedingt im Vorfeld geklärt werden müssen, sind beispielsweise:

- Wie ist die Erreichbarkeit, während der/die MitarbeiterIn remote arbeitet, geregelt? Ist es dem Vorgesetzten erlaubt, den MitarbeiterIn spontan ins Büro zurückzurufen?
- Reduziert sich remote arbeiten auf Home-Office?
- Wie hoch ist der Anteil von Präsenzzeiten?
- Gibt es eine Präsenzpflicht für MitarbeiterInnen, die remote arbeiten?
- Wie groß ist die Spanne der Arbeitszeitautonomie?
- Haben die MitarbeiterInnen weiterhin Anspruch auf einen eigenen Schreibtisch im lokalen Betrieb?

Hybrides Arbeiten hat in der Tat das Potenzial, sich zu einem zukunftsfähigen Arbeitsmodell in der Organisation zu etablieren. Ein Arbeitsmodell, das nicht nur, wie oft behauptet, für die Generation Y und Z von hohem Interesse ist.

## 4.7 Home-Office, Hybrid-Arbeiten, Mobiles-Arbeiten, Präsenzpflicht – was ist die neue Normalität?

Der soziale und gesellschaftliche Druck auf Firmen wird steigen, sich mit neuen Arbeitsmodellen auseinanderzusetzen. Speziell vor dem Hintergrund der Diskussionen über Umwelt- und Klimaschutz und Nachhaltigkeit ist die Erwartungshaltung sowohl bei den MitarbeiterInnen, der Gesellschaft als auch bei den Kapitalgebern hoch. Sie wollen einen aktiven, nachhaltigen Beitrag von den Firmen sehen.

Während die Arbeitszeitflexibilität mit Einführung der Gleitzeit in den 70er-Jahren sich ständig weiterentwickelt hat und bereits heute ArbeitnehmerInnen großzügige Möglichkeiten bietet, ihre Arbeitszeit an ihre persönlichen Lebensumstände anzupassen, werden nach der Covid-19-Pandemie Forderungen nach freier Wahl des Arbeitsortes laut. Noch gibt es keine einheitliche Marschrichtung, an denen sich Organisationen orientieren können. Selbst die großen Tech-Unternehmen im Silicon-Valley gehen ganz unterschiedliche Wege (Flüter-Hoffmann & Stettes, 2022, S. 26 f.).

Kein Unternehmen muss auf jeden Modetrend aufspringen, sondern sich überlegen, was passt zu meiner Organisation, was kann ich mir leisten im Sinne von Geld und Ressourcen und welchen Zustand will ich verbessern, sprich, was soll am Ende des Tages als messbares Ergebnis herauskommen. Eines sollte jedem Unternehmen allerdings klar sein: Ein Weg zurück in die Zeit vor Corona Zeit wird nicht möglich sein. Insbesondere, wenn man die Argumente der MitarbeiterInnen zusammenfassend betrachtet, die als positiv für das Arbeiten außerhalb des Betriebes bewertet wurden:

- Autonomes Arbeiten
- Keine Störfaktoren
- Konzentriertes Arbeiten

- Höhere Kreativität
- Zeit für Prozessverbesserungen
- Zeitgewinn durch Wegfall der Fahrzeiten
- Selbstbestimmtes Arbeiten
- Mehr Zeit für das Privatleben

Den Mitarbeitern geht es um mehr als den Wunsch nach ein bisschen Home-Office. Es geht um eine neue, nachhaltige Organisations- und Führungskultur. Jedes unter Abschn. 4.6. genannte Modell kostet viel Geld und Ressourcen, was sich nicht alle Unternehmen leisten können. Folglich wäre es erstmal wichtig, dass sich das Unternehmen klar macht, was es will. Ob es den New Work Gedanken in den Vordergrund stellt, oder lediglich die Mobilität der Mitarbeiter und Mitarbeiterinnen zu verbessern. Zwei völlig unterschiedliche Ansätze; wobei keiner richtig oder falsch ist. Sobald diese Frage im Management-Team geklärt ist, erscheint es mit sinnvoll, die Zielsetzung zu formulieren, die Rahmenbedingungen für das jeweilige Modell festzulegen, den Zeitrahmen für die Umsetzung und die Kosten zu kalkulieren. Sobald der grobe Rahmen für die gewählten Arbeitsmodelle definiert wurde, bekommen die Führungskräfte die Aufgabe, ihren Teammitgliedern die Vorschläge vorzustellen und zu diskutieren. Anschließend erarbeiten die Teams ihre Spielregeln. Wird dies versäumt, gerät jedes Modell zum Rohrkrepierer und die ewigen ‚Bedenkenträger' haben mal wieder recht gehabt mit ihrer Behauptung: „Ich habe doch gleich gewusst, dass das nicht funktioniert".

Wie bei jeder großen organisatorischen Veränderung wäre ein Top-down-Vorgehen zum Scheitern verurteilt. Außerdem würde es dem New-Work-Gedanken widersprechen. Wobei ich nochmals betonen möchte, dass weder Remote-Arbeiten noch Home-Office New Work ist.

**Fazit**
Wir sind an einem Punkt angekommen, wo nichts mehr so ist, wie es mal war. Es gibt kein Weg zurück in die alte Arbeitswelt. Es ist an der Zeit neue Wege zu gehen, und zwar nachhaltig.

In diesem Kapitel wurde zum einen intensiv über die Vor- und Nachteile von Home-Office berichtet und zum anderen über alternative Formen des mobilen Arbeitens. Home-Office ist lediglich eine Teilmenge.

Die sich ständig wiederholende Behauptung, dass Arbeiten im Home-Office das Wohlbefinden und die Produktivität der MitarbeiterInnen steigert, wurde infrage gestellt. Hier können nur Langzeitstudien mit vergleichbaren und standardisierten Messmethoden Licht ins Dunkel bringen. Meines Erachtens geht es den MitarbeiterInnen in erster Linie auch nicht darum, häufiger von zuhause aus arbeiten zu können. Denn es kann auch cool sein, ins Büro zu gehen.

Also um was geht es dann? Der/die MitarbeiterIn von heute, ganz gleich welche Generation er/sie angehört, haben keine Lust mehr sich zwanghaft einem System unterzuordnen, sondern das System muss so konzipiert sein, dass er/sie den Freiraum bekommt autonom, eigenverantwortlich und sinnstiftend arbeiten zu können. Damit verbunden ist die freie Wahl des Arbeitsortes. Und es wird funktionieren. Vorausgesetzt Technik, Prozesse, Regeln, Infrastruktur und Führung agieren als Motivatoren. Unternehmen werden sich diesem Wandel nicht verschließen können, um attraktiv zu bleiben. Eines muss jedoch klar sein, die grenzenlose Freiheit wird es auch im New Work nicht geben. Es bleibt eine Illusion.

Zu bedenken ist auch, dass nicht alle MitarbeiterInnen dazu bereit sein werden, neue Wege zu gehen. Für diese Gruppen gibt es dann immer noch die Möglichkeit, täglich ins Büro zu gehen und die Arbeitszeitflexibilisierung zu nutzen.

## Literatur

Banerjee, D., & Rai, M. (2020). Social isolation in Covid-19: The impact of loneliness. *International Journal of Social Psychiatry, 66*(6), 525–527. https://doi.org/10.1177/0020764020922269

Beck, R. (2019). *Home-Office Erfolgreich von zu Hause arbeiten*. Junfermann.

Dreher, J. (2021). *Psychologische Auswirkungen verschiedener Ausmaße von Home-Office-Nutzung unter besonderer Berücksichtigung der sozialen Isolation während der Covid-19 Pandemie*. Leopold-Franzens-Universität Innsbruck Institut für Psychologie.

Felstead, A., & Henseke, G. (2017). Assessing the growth of remote working and its consequences for effort, well-being and work-life balance. *New Technology, Work and Employment, 32*(3), 195–212.

Flachsenberg, H. (2022). Ohne die Arbeit hätte ich keine Freunde. *Der Spiegel.* https://www.spiegel.de/start/praesenzarbeit-statt-homeoffice-ohne-das-buero-haette-ich-keine-freunde-a-0bb77e72-4de2-49ac-a51d-ee95d1f5c94b. Zugegriffen am 2022.

Flüter-Hoffmann, C., & Stettes, O. (2022). *Homeoffice nach fast zwei Jahren Pandemie.* Institut der deutschen Wirtschaft Köln e.V.

Franken, E., Bentley, T., Shafaei, A., Farr-Wharton, B., Onnis, L.-a., & Omari, M. (2021). Forced flexibility and remote working: opportunities and challenges in the new normal. *Journal of Management @Organization, 27,* 1131–1149. https://doi.org/10.1017/jmo.2021.40

Gemeiner, C. (2022, August 1). Homeoffice im Urlaubsland: Workation und das Arbeitsrecht. *Human Resources Manager.* https://www.humanresources-manager.de/arbeitsrecht/homeoffice-im-urlaubsland-workation-und-das-arbeitsrecht/. Zugegriffen am 01.08.2022.

George, T., Atwater, L. E., & Maneethai, D. (2022). Supporting the productivity and wellbeing of remote workers. *Organizational Dynamics, 51,* 1–9. https://doi.org/10.1016/j.orgdyn.2021.100869

Guler, A. M., Guler, K., Gulec, M., & Ozdoglar, E. (2021). Working from home during a pandemic. Investigation of the impact of COVID-19 on employee health and productivity. *American College of Occupational and Enviornmental Medicine, 63*(9), 731–741. https://doi.org/10.1097/JOM.0000000000002277

Hofmann, J. (2020). *iao.fraunhofer.de.* https://www.iao.fraunhofer.de/de/ueber-uns/fraunhofer-iao/jahresbericht/jahresbericht-2020/die-zukunft-der-arbeit-ist-hybrid.html. Zugegriffen am 2022.

Jalagat, J. R. (2019). Rationalizing remote working concept and its implications on employee productivity. *Global Journal of Advanced Research, 6*(3), 95–100.

Johnson, W. (2022). Die große Kündigungswelle ist ein Missständnis. *Harvard Business manager, 07/2022.*

van der Lippe, T., & Lippényi, Z. (2019). Co-workers working from home and individual and team performance, *New Technology Work and Employment, 35*(3), 60–79. https://doi.org/10.1111/ntwe.12153

Niebuhr, F., Borle, P., Börner-Zobel, F., & Voelter-Mahlknecht, S. (2022). Health and happy working from home? Effects on working from home on employee health and job satisfaction. *International Journal of Environmental Research and Public Health, 19*(1122), 1–14. https://doi.org/10.3390/ijerph19031122

Pabstmann, G., & Wiegand-Stempel, B. (2020). *Am Küchentisch Heimarbeit & Hausindustrie im Wandel der Zeit*. Mironde.

von Petersdorff, G. (2021). *Tagesschau.de*. https://www.tagesschau.de/wirtschaft/verbraucher/coworking-spaces-dorf-101.html. Zugegriffen am 2022.

Rump, J. (2021). *Die Neue Normalität in der Arbeitswelt – Die 7* 3er Regel*. Institut für Beschäftigung und Employability.

Seisselberg, J. (2022). *Tagesschau.de*. https://www.tagesschau.de/wirtschaft/weltwirtschaft/toskana-remote-work-101.html. Zugegriffen am 2022.

Thomas, M. (2021). Sind sie immer erreichbar? *Harvard Business manager, 9/2021*.

Wikipedia. (2022). https://de.wikipedia.org/wiki/Coworking. Zugegriffen am 2022.

# 5

# Home-Office braucht Regeln

**Zusammenfassung** Ohne Regeln funktioniert die neue Arbeitswelt nicht. Es ist ein Irrtum zu glauben, dass die New-Work-Welt mit weniger oder gar keinen Regeln auskommen wird. Schon allein die Thematik Home-Office oder Remote Arbeiten erfordern klare Vereinbarungen, denn einen generellen Anspruch auf das Arbeiten von zu Hause kann weder vom Arbeitgeber noch von den ArbeitnehmerInnen gefordert werden. Hat man sich allerdings geeinigt, dass Home-Office vom Unternehmen unterstützt wird, muss der Arbeitgeber darauf achten, dass er seine Pflichten uneingeschränkt einhält.

Dasselbe gilt für die Arbeitnehmervertreter. Ihre Rechte und Pflichten enden nicht am Werkstor. Sie sind aufgefordert, Vereinbarungen mit dem Unternehmen zu treffen zu Arbeitszeiten, Arbeitsplatzgestaltung und -sicherheit im Home-Office sowie zu Kostenerstattungen für die Nutzung der Privat-Räume. Früher oder später werden diese Forderungen von den MitarbeiterInnen kommen, speziell im Hinblick auf die derzeitige Kostenexplosion. Keine diesbezüglichen Vereinbarungen enden oft vor dem Arbeitsgericht.

© Der/die Autor(en), exklusiv lizenziert an Springer Fachmedien Wiesbaden GmbH, ein Teil von Springer Nature 2023
D. Dull, *New Work – die Illusion von der großen Freiheit*,
https://doi.org/10.1007/978-3-658-41220-3_5

## 5.1    Interview über die arbeitsrechtlichen Fallstricke beim Arbeiten im Home-Office

Das Interview über die arbeitsrechtlichen Fallstricke beim Arbeiten im Home-Office hat am 24. Januar 2022 stattgefunden und wurde in einem Studio als Video aufgezeichnet. Gesprächspartner waren der Rechtsanwalt Dr. Thomas Daum, Fachanwalt für Arbeitsrecht, spezialisiert auf individuelles und kollektives Arbeitsrecht von der Kanzlei Schrade und Partner und der Unternehmensexperte, Ulrich Zischewski, Senior Partner der Firma Convalori.

**Herr Zischewski**
Im Rahmen von New Work und verstärkt durch die Pandemie wurde Home-Office zu einem zentralen Thema. In diesem Zusammenhang möchte ich Ihnen einige Fragen stellen:

Kann der Arbeitgeber vom ArbeitnehmerIn verlangen, von Zuhause aus zu arbeiten und kann der Arbeitnehmer vom Unternehmen verlangen, ihn zukünftig von Zuhause aus arbeiten zu lassen?

**Rechtsanwalt Dr. Daum**
Verlangen kann es weder der Arbeitgeber noch der Arbeitnehmer. Allerdings hängt es davon ab, was arbeitsvertraglich vereinbart ist. Üblich ist, dass die Arbeit im Betrieb erbracht wird. Zweitens gibt es derzeit keinen gesetzlichen Anspruch auf Home-Office, d. h. beide Parteien müssen sich einig sein.

## 5.2    Pflichten des Arbeitgebers im Rahmen von Home-Office

**Herr Zischewski**
Angenommen, Arbeitgeber und Arbeitnehmer haben sich geeinigt. Muss der Arbeitgeber dem Arbeitnehmer das Equipment für das Arbeiten im Home-Office zu Verfügung stellen? Angefangen vom Schreibtisch, Drucker, Computer, Stuhl, Internet-Anschluss etc.?

**Rechtsanwalt Dr. Daum**

Ja, der Arbeitgeber ist verpflichtet, die Arbeits- und Betriebsmittel zur Verfügung zu stellen, wenn er sich mit dem Arbeitnehmer geeinigt hat, dass Arbeiten im Home-Office möglich ist. Dann muss er Laptop, Computer, Bildschirm, Drucker, möglicherweise sogar einen Sessel, einen Stuhl oder einen höhenverstellbaren Tisch beschaffen oder gegen Kostenerstattung beschaffen lassen.

**Herr Zischewski**

Heißt gegen Kostenerstattung, der Arbeitnehmer kauft die Arbeitsmittel und stellt sie sich ins Home-Office. Kann er das Equipment dann behalten?

**Rechtsanwalt Dr. Daum**

Es ist das Eigentum des Arbeitgebers. Allerdings muss auch hierüber eine Einigung erzielt werden.

**Herr Zischewski**

Wenn der Arbeitgeber nun Eigentümer der Arbeits- und Betriebsmittel ist, hat er damit ein Recht erwirkt, zu schauen, was der Arbeitnehmer damit macht?

**Rechtsanwalt Dr. Daum**

Nur mit Zustimmung des Arbeitnehmers. Es ist ein fremder Arbeitsraum, den der Arbeitgeber nicht betreten darf, ohne Zustimmung des Arbeitnehmers. Somit muss er vorher fragen. Allerdings ist der Arbeitgeber sogar verpflichtet, sich das Home-Office anzuschauen, um zu gewährleisten, dass die Vorschriften des Arbeitsschutzes auch im Home-Office eingehalten sind. Er muss sogar eine Gefährdungsanalyse und -beurteilung durchführen, ob der Arbeitnehmer Zuhause überhaupt in der Lage ist, die Arbeit zu erbringen. Zum Beispiel, Beleuchtung, Bildschirm, Sitzmöglichkeiten etc. etc., das alles muss der Arbeitgeber kontrollieren.

**Herr Zischewski**

Darf der Arbeitgeber seinen MitarbeiterIn überwachen, was er in seinen vier Wänden arbeitet?

**Rechtsanwalt Dr. Daum**
Nein, das ist aufgrund von Datenschutz und Persönlichkeitsrechte nicht erlaubt. Was überwacht werden muss, ist die Einhaltung der Arbeitszeit, und zwar Beginn und Ende der täglichen Arbeitszeit.

## 5.3   Arbeitsunfall im Home-Office

**Herr Zischewski**
Ich habe kürzlich ein Urteil gelesen, wo das Oberlandesgericht einen Arbeitnehmer einen Wegeunfall zugesprochen hat, weil er sich auf dem Weg von seinem Bett zum Arbeitsplatz den Fuß verletzt hat. Ist das so richtig?

**Rechtsanwalt Dr. Daum**
Ja, das Urteil habe ich auch gelesen. Es handelte sich um eine Wohnung über zwei Etagen, wo der Arbeitnehmer sein Schlafzimmer im oberen Stock verlassen hat und dann auf der Treppe im Untergeschoss hat er einen Unfall gehabt. Die Unfallversicherung hat dann tatsächlich gesagt, dass es sich um einen Wegeunfall handelt, da der Arbeitnehmer im Home-Office gearbeitet hat und direkt zu seinem Arbeitsplatz gegangen ist. Wenn er sich allerdings vorher einen Kaffee geholt hätte, wäre es kein Wegeunfall gewesen.

## 5.4   Video-Meetings im Home-Office

**Herr Zischewski**
Kann der Arbeitgeber von seinem MitarbeiterIn verlangen, bei Video-Meetings mit Kunden Firmenkleidung zu tragen, mit dem entsprechenden Firmen-Logo?

**Rechtsanwalt Dr. Daum**
Zuerst einmal stellt sich eine ganz andere Frage. Kann der Arbeitgeber überhaupt von seinem MitarbeiterIn verlangen, sich in einem Video-Meeting zu zeigen? Diesen Fall hatte ich kürzlich von einer Mandantin,

die sich weigerte, ihr Bild in einem Video-Call zu zeigen, sondern nur per Mikrofon teilzunehmen. In diesem Fall wäre eine Telefonkonferenz der bessere Weg gewesen. Aber zurück zu Ihrer Frage. Wenn der Arbeitgeber, die entsprechende Mittel zu Verfügung gestellt hat, kann er m. E. anweisen, dass der Arbeitnehmer sich in einer bestimmten Art und Weise am Bildschirm zeigt. Das könnte er ja im Betrieb auch, wenn es da eine entsprechende Kleiderordnung gibt, warum sollte dieses Recht im Home-Office nicht ebenso gelten, wenn der Arbeitnehmer nach außen hin auftritt. Allerdings sind die Mitbestimmungsrechte des BR hier einzuhalten.

## 5.5 Anspruch auf Essensgeld-Zuschuss im Home-Office

**Herr Zischewski**
Angenommen im Betrieb des Unternehmens gibt es eine Kantine mit einem verbilligten Mittagstisch durch einen steuerfreien Essensgeld-Zuschuss. Haben MitarbeiterInnen Anspruch auf demselben Essensgeld-Zuschuss, wenn sie im Home-Office arbeiten?

**Rechtsanwalt Dr. Daum**
Derzeit gibt es noch kein Urteil dazu. Wenn der Betrieb nicht aufgesucht werden kann, wie es während der Pandemie der Fall war, könnte der Anspruch auf Essensgeld-Zuschuss bestehen und müsste dem ArbeitnehmerIn ausbezahlt werden.

## 5.6 Das Home-Office im Ausland

**Herr Zischewski**
Im Rahmen der New-Work-Diskussion werben Unternehmen damit, dass ihre MitarbeiterInnen von überall aus arbeiten können, auch von einem Strand. Muss der Arbeitgeber zustimmen, wenn der MitarbeiterIn seinen Arbeitsort beispielsweise nach Portugal verlegen will?

**Rechtsanwalt Dr. Daum**

Angenommen, es gibt keine Beeinträchtigung der Arbeitsleistung, zweitens Home-Office ist generell gestattet. Dann müsste es eine Zustimmungs-Verpflichtung geben, aber nur dann, wenn der MitarbeiterIn sicherstellen kann, dass die ganzen Vorgaben, beispielsweise das Datengeheimnis, keine Einsicht von Dritten auf den Bildschirm, eingehalten werden. Es gibt genügend Vorbehalte, die das Unternehmen berechtigen können, nicht zuzustimmen.

**Herr Zischewski**

Angenommen, das Unternehmen genehmigt mehreren MitarbeiterInnen vom Ausland aus zu arbeiten; begründet das die Gründung einer Betriebsstätte? Angenommen, es sind 5 Leute.

**Rechtsanwalt Dr. Daum**

Das ist eine schwierige Frage. Es hängt von der Organisation ab. Wenn mehrere MitarbeiterInnen gebündelt im Ausland arbeiten, und zwar nicht nur vorübergehend, und dort eine Führungsstruktur vorhanden ist, dann könnte es durchaus einen Betrieb oder Betriebsteil darstellen, mit den entsprechenden betriebsverfassungsrechtlichen Einflüssen.

## 5.7 Mitbestimmungsrecht des Betriebsrates im Zusammenhang mit Arbeiten im Home-Office

**Herr Zischewski**

Sind die Mitbestimmungsrechte des Betriebsrates im Home-Office uneingeschränkt gütig?

**Rechtsanwalt Dr. Daum**

Arbeitsschutz auf jeden Fall, ebenso wie Ordnung im Betrieb, dazu gehört das Tragen von Arbeitskleidung, darüber hatten wir ja bereits gesprochen, Teilnahme an Video-Konferenzen, Erfassung der Arbeitszeit ist zwingend mitbestimmungspflichtig. Hier wird der Betriebsrat besonders ein Auge darauf haben.

**Herr Zischewski**

Ist es empfehlenswert, eine Betriebsvereinbarung zum Home-Office abzuschließen, in der alles abschließend geregelt ist? Kann überhaupt alles abschließend geregelt werden?

**Rechtsanwalt Dr. Daum**

Ich glaube nicht, dass alles abschließend geregelt werden kann, sondern nur das wesentliche. Ich habe mehrere Arbeitgeber zu diesem Thema beraten und wir haben eine Betriebsvereinbarung zum Thema Home-Office gestaltet, in dem weitgehend geregelt war, wer hat Anspruch auf Home-Office, wie lange gilt der Anspruch, welche Pflichten der Arbeitgeber hat, Kostenübernahme usw.

**Herr Zischewski**

Hat der Betriebsrat ein Zugangsrecht zur Wohnung des im Home-Office Arbeitenden?

**Rechtsanwalt Dr. Daum**

Nachdem der Betriebsrat für die Überwachung des Arbeitsschutzes zuständig ist, wird er auch in Einzelfällen überprüfen wollen, ob alle gesetzlichen Vorschriften im Home-Office eingehalten werden. Aber auch ist, die Voraussetzung die Zustimmung des betroffenen Arbeitnehmers.

**Herr Zischewski**

Kann der Betriebsrat seine Arbeit ins Home-Office verlegen?

**Rechtsanwalt Dr. Daum**

Die Sitzungen dürfen die Betriebsräte auch virtuell abhalten, das ist im Betriebsratsmodernisierungs-Gesetzt geregelt. Es gibt in der Tat einige Betriebsräte, die ihre Arbeit von Zuhause aus verrichten. Das muss allerdings dann so gesichert werden, dass keine Daten nach außen dringen, sondern innerhalb des Betriebsrats-Gremiums bleibt. Auch der Betriebsrat muss sich an gewisse Spielregeln halten, z. B. sich, während Video-Konferenzen zu zeigen und der Arbeitgeber kann verlangen, dass der BR für bestimmte Gespräche oder Verhandlungen ins Office kommen muss.

# 5.8   Arbeitszeiten und Vergütung im Home-Office

**Herr Zischewski**
Welche Arbeitszeit-Regelungen gelten im Home-Office?

**Rechtsanwalt Dr. Daum**
Da gilt nichts anderes als im Office.

**Herr Zischewski**
Das bedeute also, wenn ich als Home-Office Arbeitender entscheide, den Nachmittag mit meiner Familie zu verbringen und die Arbeit heute Nacht zu erledigen, dann ist das Nachtarbeit?

**Rechtsanwalt Dr. Daum**
Ja, dann ist das Nachtarbeit und muss auch so vergütet werden, wenn der AN frei ist in der Gestaltung seiner Arbeitszeit.

*Anmerkung von Rechtsanwalt Dr. Daum* Das deutsche Arbeitsrecht passt nicht mehr auf die neue Wirklichkeit. Gerade das Home-Office macht es deutlich, dass es hier keine festen Arbeitszeiten mehr gibt. Allerdings macht das Arbeitszeitgesetz das nicht mit. Wir haben darin den 8 Stundentag, der bis maximal 10 h ausgedehnt werden darf, dann haben wir die Ruhezeiten, wir haben die Nachtarbeit, das alles passt auf die Home-Office-Arbeit nicht mehr hundertprozentig. Allerdings möchte ich darauf hinweisen, dass es nicht so weit kommen darf, dass es zwischen Freizeit und Arbeitszeit keine Grenzen mehr gibt. Also immer gearbeitet werden kann.

Aber warum soll es nicht möglich sein, dass ein Vater oder eine Mutter abends um 10:00 Uhr bis morgens 02:00 Uhr ihre Arbeit nachholt. Allerdings ist nach dem deutschen Arbeitszeitgesetz danach eine Ruhezeit von 11 h einzuhalten.

## 5.9   Delegation von Führung

**Herr Zischewski**

Kann man Führung delegieren? Im Rahmen von New Work wird ja oft darüber gesprochen, dass zukünftig viele Aufgaben im Team erledigt werden, wie Personalauswahl, Vertragsgestaltung, Meldung an den BR. Aber auch die Delegation bzw. Übernahme von rechtlich relevanten Themen, beispielsweise die Haftungsfragen.

**Rechtsanwalt Dr. Daum**

Zuerst mal muss geklärt werden, welche Pflichten sind denn geplant zu delegieren. Ist es etwas Organisatorisches oder sind es Haftungsfragen. Eine derartige Delegation ist natürlich möglich. Es muss im Rahmen der Position üblich sein. Mit anderen Worten, ich kann nicht meinem Buchhaltungs-MitarbeiterIn das Schneeräumen aufzwingen.

Aber ganz allgemein muss sich jeder von der Geschäftsführung bis zum AbteilungsleiterIn bis zum einzelnen MitarbeiterIn genau überlegen, wer macht was und das auch entsprechend zu definieren. Meine Frage ist immer: Wie können sich die MitarbeiterInnen dagegen wehren, die dann sagen: in meinem Gehalt ist die Verantwortung aber nicht drin.

Also muss man sich gut überlegen, ob es zusätzlich vergütet werden muss, aber die MitarbeiterInnen müssen sich auch über die Haftungsfragen im Klaren sein.

Selbst Prokuristen sind immer wieder schockiert, wenn ich einen Vortrag halte über deren Haftungsverantwortlichkeit.

**Herr Zischewski**

Das waren meine heutigen Fragen. Ich bedanke mich für das Gespräch.

## 5.10    Fazit

New Work wird ohne Regeln nicht funktionieren. Immer mehr Arbeitsrechtler machen auf die Stolpersteine aufmerksam, die Unternehmen auf
ihrem Weg nach New Work begegnen und große Hindernisse darstellen,
eine neue Arbeitswelt zu schaffen.

Um diese Stolpersteine zu vermeiden, ist es empfehlenswert proaktiv
Vereinbarungen zu definieren zu Ansprüchen auf Home-Office. Dazu
gehören die Präsenztage im Büro zu vereinbaren, Erreichbarkeit im
Home-Office, ein Knigge für Online-Meetings, Präsenzzeiten für Arbeiten im Ausland, oder bei welchen Besprechungen die MitarbeiterInnen
zukünftig offline oder online teilnehmen können. Des Weiteren über die
Modalitäten beim Arbeiten im Ausland.

Ob es sich hierbei lediglich um Rahmenbedingungen handelt, die zwischen Vorgesetzten und MitarbeiterInnen abteilungsspezifisch angepasst
werden können, ist eine Frage der Unternehmens- und Führungskultur
und der Ernsthaftigkeit des Unternehmens eine neue Arbeitswelt zu kreieren. Eigentlich wäre es jetzt an der Zeit, die alten Arbeitsgesetze einschließlich des Betriebsverfassungsgesetzes neu zu schreiben. Und zwar
kurzfristig. Ob ich das noch erleben darf?

# 6

# Führung – so nicht – aber wie dann

**Zusammenfassung** Solotänzer oder Dirigent. Welche Art von Führung braucht die zukünftige Arbeitswelt? Gut gemeinte Ratschläge über Führung gibt es massenhaft. Insbesondere von denen, die noch nie in einer operativen Führungsrolle tätig waren. Es sind die Theoretiker, die gerne das Bild einer perfekten Führungskraft kreieren. Trotz aller gut gemeinter Ratschläge ist eines klar: Die perfekte Führungskraft gibt es nicht und wird es auch im New Work nicht geben.

Führungskräfte werden weiterhin gezwungen sein, täglich schwierige Entscheidungen zu treffen. Es sind Entscheidungen über den Abbau von Arbeitsplätzen in einem Land und der Aufbau von neuen Arbeitsplätzen in einem anderen Land. Eine Entscheidung zwischen richtig und richtig. Oder die Einführung von neuen Technologien respektive Produkten, wo auf der einen Seite neue Jobs entstehen, andererseits alte wegfallen. Eine Entscheidung zwischen richtig und richtig.

Das Führungsverhalten von ManagerInnen hängt von vielen Faktoren ab, einmal von der Organisationskultur, die bestimmt, welcher Führungsstil zugelassen wird, vom Reifegrad der MitarbeiterInnen oder von den persönlichen Kompetenzen der Manager und Managerinnen. Ausschlaggebend für ein erfolgreiches Führungsverhalten ist allerdings nicht der neueste Hype,

© Der/die Autor(en), exklusiv lizenziert an Springer Fachmedien Wiesbaden GmbH, ein Teil von Springer Nature 2023
D. Dull, *New Work – die Illusion von der großen Freiheit*,
https://doi.org/10.1007/978-3-658-41220-3_6

der im Mainstream verbreitet wird, sondern die wirtschaftliche Situation, in der sich eine Firma befindet. Dem sogenannten Business-Life-Cycle.

In diesem Zusammenhang spielt das „Wie" eine maßgebliche Rolle und die Frage, ob alle Entscheidungen, die eine Führungskraft täglich treffen muss, sachgerecht und ethisch begründet werden können (Hemel, 2005, S. 32). Erfahrungsgemäß erfordern weitreichende Entscheidungen, die Auswirkungen auf die Zukunft des Unternehmens haben oder auf die Arbeitsplätze der MitarbeiterInnen, eine achtsame und einfühlsame Kommunikation. Denn MitarbeiterInnen haben es verdient, als mitdenkende Menschen behandelt zu werden und nicht als Ressourcen, die man beliebig austauschen kann.

Ja, wir benötigen eine neue Form von Führung. Wird die neue Generation von Führungskräften, die in naher Zukunft die ausscheidenden Baby-Boomer ersetzen, in der Lage sein, Führung neu zu leben? Werden sie es schaffen, auf Machtspiele, Allüren und Statussymbole zu verzichten? Dabei die Bodenhaftung behalten und MitarbeiterInnen den Freiraum geben, ihre Arbeitsaufgaben in zeitlicher und räumlicher Eigenverantwortung auszuführen? Wünschenswert wäre es. Oder singen sie dasselbe Lied nur mit anderer Melodie?

## 6.1 Führung, die unendliche Geschichte

Bei meiner Recherche zum Thema Führung bin ich auf einen interessanten Beitrag gestoßen (Kraus, 2009), der über die Führung der alten Griechen berichtet und was wir daraus lernen können. Es war Xenophon, ein griechischer Heerführer, der aufzeigt, wie ein kooperatives Management-Modell es geschafft hat, dass zehntausende von Individualisten über Monate Höchstleistungen brachten. Xenophon war ein Schüler von Sokrates und seine Erfahrungen hat er in seinem Buch Anabasis – „Der Zug der Zehntausend" niedergeschrieben.

Es waren die Art und Weise, wie die Griechen Entscheidungen getroffen haben und ihre Fähigkeit, sich unter schwierigen Bedingungen neu zu organisieren. In dem Buch wird aufgezeigt, welche Schwierigkeiten bei der Führung in einer Organisation auftreten, wenn die strategische Grundausrichtung nicht akzeptiert wird. Wenn beispielsweise, das gemeinsame Leitbild der Gruppe infrage gestellt wird, das von gemeinsamen Werten und der Kultur getragen wird. Fehlverhalten, das durch Abweichungen von den festgelegten Werten gezeigt wurde, wurde sofort sanktioniert.

Seine stärkste Führungskraft beschrieb Xenophon als mutig, durchsetzungsstark, verantwortungsvoll, hart und grimmig, mit einem Mangel an Empathie. Diese Eigenschaften führten dazu, dass viele Gefolgsleute diesen Anführer verließen. Die Attribute seiner schwächsten Führungskraft beschrieb Xenophon als ehrgeizig, aufrichtig, gutwillig, konfliktscheu und Führen durch Lob und Vorbild (Kraus, 2009).

Von der Antike bis heute wurden unzählige verschiedene Führungskonzepte entwickelt und mal mehr oder weniger erfolgreich umgesetzt. Eines hatten alle Konzepte gemeinsam, die MitarbeiterInnen zu bewegen, die Ziele des Unternehmens zu unterstützen. Passten die Konzepte zu den Bedürfnissen der MitarbeiterInnen, spiegelte sich dies positiv in der Performance wieder, aber nur dann, wenn auch die Anwendung durch den Vorgesetzten als positiv empfunden wurde. Führungskonzepte, die im Widerspruch zu den Wertvorstellungen der MitarbeiterInnen standen, wirkten sich negativ auf das Verhalten und der Einstellung zur Arbeit aus.

Heute im 21. Jahrhundert stehen wir erneut vor dem Problem, den Führungsstil der vergangenen Jahre infrage zu stellen.

## Fragen
Warum kann nicht alles bleiben, so wie es ist?

Dr. Guido Schmidt, ein bekannter Autor und Führungsphilosoph, hat dazu folgende wichtige Aussagen gemacht:

1. Das Vertrauen in Führung ist in den vergangenen Jahren erodiert.
2. Die Zeit der McKinsey Gesellschaft ist vorbei.
3. Signifikante Veränderungen stehen an, die andere Werte fordern und damit auch die Anpassung von Führung.

In meiner langjährigen Erfahrung im Top-Management internationaler Konzerne habe ich erlebt, dass der Führungsstil der vergangenen Jahre vielfach narzisstisch geprägt war und ausschließlich kennzahlengesteuert. Top-down wurden Anweisungen verteilt, Mikromanagement, Budget-Reviews, Standardisierung und Methodenüberflutung. Die Anzahl der psychischen Erkrankungen stieg auf einen Höchststand, die Mitarbeiterzufriedenheit erreichte ihren Tiefststand. Gewinnmaximierung war oberste Priorität. Wurden die Gewinnerwartungen nicht erfüllt, trennte man sich von dem Verantwortlichen. Und das meistens nicht fair. Vergessen sind die jahrelangen Erfolge, die die Führungskraft geleistet hat und die Bereitschaft, privates hinten anzustellen. Vergessen sind die blumigen Unternehmenswerte, die auf der Homepage stehen, wo von Fairness, Respekt, Anstand oder Vertrauen gesprochen wird. Um hohe Abfindungssummen zu vermeiden, greifen Unternehmen dann gerne mal zu fragwürdigen Methoden und schieben Ethik und Moral auf die Seite.

Was Unternehmen in diesem Spiel vergessen, es spricht sich in der Branche, beim Kunden, bei den Mitarbeitern sowie in den sozialen Netzwerken herum. Das soziale Gedächtnis vergisst so etwas nicht. Ganz schnell ist die Reputation dahin, eine Angstkultur geschaffen und das Vertrauen ins Management verloren gegangen. Diese Vorgehensweise wird sich meines Erachtens auch in der neuen Arbeitswelt nicht gravierend ändern. Genauso wenig wie korrupte Machenschaften von Top-Managern.

## 6.2   Führung im Business-Life-Cycle

Die Wissenschaft hat eine Vielzahl von Führungstheorien entwickelt mit dem Ziel, ManagerInnen ein Instrument anzubieten, das ihnen in der Praxis hilft, ihre Führungsaufgabe erfolgreich wahrzunehmen, aber auch um die eigene Führungsrolle zu reflektieren. Zusätzlich zu den theoretischen Modellen kamen und kommen die Weisheiten von Praktikern aus dem Top-Management namhafter Unternehmen.

Mit dem Beginn der New-Work-Bewegung rückte Führung in den Fokus der Diskussionen. In diesem Kontext wurden Begriffe kreiert wie Leadership-Excellence, New Work braucht New Leadership, agiles Führen, werteorientierte Führung, Digital Leadership, Transformationale Führung, Führung im „New Normal", oder die Führungskraft als Coach.

Was unklar bleibt, ist die detaillierte Operationalisierung und Skalierung. Somit bleiben es wohlklingende Schlagwörter mit einer großen Bandbreite von eigenen Interpretationen.

Nicht immer passt der neueste Hype zu der wirtschaftlichen Situation eines Unternehmens. So ist es auch mit dem Thema Leadership. Untersuchungen haben beispielsweise herausgefunden, dass in den verschiedenen Phasen eines Business-Life-Cycle, die jedes Unternehmen während seiner Existenz durchläuft, ein anderer Führungsstil erforderlich ist, das Unternehmen erfolgreich zu steuern. Somit ist eine wirksame Transformation von einer Phase zu nächsten innerhalb des Business-Life-Cycle unter anderem davon abhängig, ob die verantwortlichen ManagerInnen in der Lage sind, ihr Führungsverhalten den erforderlichen Gegebenheiten anzupassen.

In Abb. 6.1 sind die vier Phasen eines Business-Life-Cycle zu erkennen: Start-up, Wachstum, Sättigung und Verlust, mit den entsprechenden Führungsstilen, die nachweislich erfolgreich sind. Befindet sich beispielsweise ein Unternehmen am Anfang seiner Laufzeit, wo es darum geht,

## Führung im Business-Life-Cycle

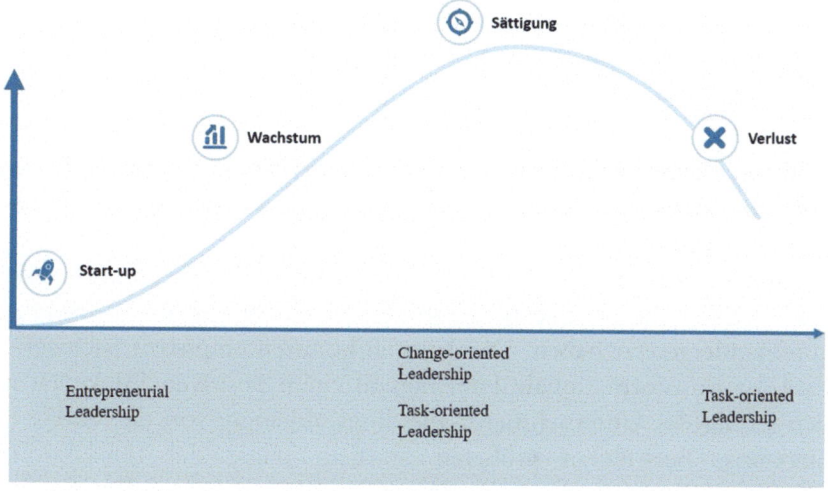

**Abb. 6.1**  Führungsstile im Business-Life-Cycle. (Quelle: Eigene Darstellung)

Kunden, Investoren und MitarbeiterInnen von dem neu entwickelten Produkt zu überzeugen, werden andere Führungsfähigkeiten benötigt als in den nachfolgenden Phasen.

Die Autoren Kesidou und Carter (2018) kommen in ihrer Studie zu der Schlussfolgerung, dass in der *Start-up-Phase* der unternehmerische Führungsstil (Entrepreneurial Leadership) der am besten geeignete ist und begründen ihre Annahme mit den folgenden Aussagen:

- Die Führungskräfte agieren in dieser Phase als Vorbildfunktion, indem sie Dinge vorleben und sich nicht zu schade sind mit anzupacken.
- Die Führungskräfte agieren als Beeinflusser, indem sie andere ermutigen, unternehmerisches Verhalten in der Organisation zu fördern.
- Sie sorgen dafür, dass die Unternehmenskultur und die Prozesse das unternehmerische Verhalten unterstützt.

Dazu gehören Fähigkeiten wie:

- Innovationskraft und Kreativität bei der Entwicklung von Geschäftsideen.
- Eine überzeugende Kommunikation über die Vision des Unternehmens.
- Einen strategischen Plan, wie diese Vision umgesetzt wird.
- Umfangreiche Kenntnisse eines dynamischen Marktes.
- Leidenschaft, Beharrlichkeit, Geduld sowie Flexibilität.
- Die Fähigkeit, sich mit Leichtigkeit an neue Gegebenheiten anzupassen.

In dieser Phase ist das Vorgehen eher unstrukturiert anstelle von strategisch und richtet sich nach den persönlichen Erwartungen und Ambitionen des Gründers.

Interessant ist das Ergebnis der Untersuchung von Zaech und Baldegger (2017), die sich explizit mit dem Führungsstil in *Start-ups* auseinandergesetzt haben. Die Autoren konnten empirisch nachweisen, dass der transformationale Führungsstil einen positiven Effekt hat auf den Erfolg des Unternehmens; allerdings abhängig von der Größe der Start-ups. Bei einem größeren Start-up zeigte der transaktionale Führungsstil einen positiven Einfluss auf die Unternehmens-Performance, wo hingegen in kleinen Start-ups das Ergebnis eher negativ war.

Der transformationale Führungsstil und der unternehmerische Führungsstil sind zwei unterschiedliche Konzepte allerdings mit überschneidenden Charakteristiken.

Nach erfolgreichem Bewältigen der Start-up-Phase beginnt der zweite Zyklus: *Die Zeit des Wachstums.* Der Kunde erhöht seine Nachfrage, die Produktion ist ins Laufen gekommen. Jetzt ist es an der Zeit, das strategische Marketing zur Priorität zu machen, um das Unternehmen zu positionieren und zu vermarkten. Des Weiteren ist es die Aufgabe des Managements, die Prozesse zu standardisieren und zu systematisieren. Der Wechsel von Chaos-Management zu Routine ist zu erreichen. Damit dieser Schritt gelingt, ist es die Aufgabe des Managements, eine passende und funktionsfähige Organisation zu implementieren, sowie die Auswahl von passenden Mitarbeitern.

Eine neue Form der Kommunikation nimmt seinen Anfang. War die Kommunikation in der ersten Phase (Start-up) eher locker und persönlich mit dem Ziel, die MitarbeiterInnen zu begeistern, erfolgen die Informationen und der Austauscht mehr formal und hierarchisch. Es ist der Beginn eines aufgabenorientierten Managements, das die Phase der innovativen Entwicklungszeit ablöst. Mit diesem Wandel ist der erste Konflikt verbunden, denn der Gründer und die Menschen der ersten Stunde müssen umdenken und Führen neu denken. (Talebi, 2007). Nach Auffassung von Talebi (2007) ist in der *Wachstums-Phase* sowohl der change-oriented als auch der task-oriented Führungsstil anzuwenden, wobei keiner von beiden eine dominierende Rolle spielt.

*Die Stabilitäts-Phase* ist eine der wichtigsten und kritischsten im gesamten Business-Life-Cycle. Im Vordergrund stehen Produktivität, Effektivität, Effizienz, Prozessverbesserungen und Maschinenauslastung. Es werden entsprechende Kennzahlen entwickelt und als Kontrollinstrument eingesetzt. Die Produkte oder Dienstleistung sind ausgereift und werden nur marginal verändert. Bürokratie, Kostenoptimierung, Performance-Management und der Fokus auf Profitabilität. Der Umsatz geht schleichend zurück. Es dominiert der direktive Führungsstil.

Gelingt es dem Unternehmen in dieser Phase nicht, durch einen veränderten, mehr innovativen und risikofreudigen Führungsstil, neue

Produkt-Ideen oder Geschäftsmodelle zu entwickeln, die das Unternehmen wieder in die Wachstums-Phase bringen, beginnt *Phase 4: Rückgang des Geschäftes bis hin zur Schließung des Unternehmens.* In der Phase, in der die Umsätze zurückgehen, geht es hauptsächlich darum, das Unternehmen vor dem Exit zu retten. Kostenreduzierungen, Restrukturierungen, der Verkauf von Geschäftsbereichen verbunden mit größerem Personalabbau stehen ganz oben auf der Tagesordnung. In dieser Situation setzt Krisenmanagement die Tagesordnung. Der Führungsstil ist direktiv. Anweisungen und Aufgaben werden verteilt. Mikromanagement übernimmt die Regie. Für lange Diskussionen oder Konsensfindung im Team ist keine Zeit.

> **Fazit**
>
> Führen im Business-Life-Cycle ist nicht schwarz-weiß, sondern Impulsgeber. Die Grenzen sind fließend. Ferner hat sich gezeigt, dass Führungskräfte, die über Jahre erfolgreich einen Führungsstil praktiziert haben, selten in der Lage sind, sich umzustellen. Hinzu kommen die persönlichen Präferenzen oder Wertvorstellungen der Individuen in Bezug auf Führen. Beispielsweise die Next Gen Leadership.

Heute, im Jahr 2023, befinden sich die meisten Unternehmen in einem Transformationsprozess. Die Transformation von einer jahrelangen Stabilitätsphase wieder zurück in die Wachstumsphase zu kommen, mit neuen innovativen Produkten oder Dienstleistungen, veränderten Abläufe, eine andere Organisationskultur, mit einer neuen Generation von Führungskräften, die das Format haben, die Erwartungshaltung verschiedener Stakeholder zu verstehen und zu erfüllen.

## 6.3   Next Gen Leadership – sind die jungen Narzissten im Anmarsch?

Selbstverständlich gibt es generationsspezifische Unterschiede. Zum einen innerhalb einer Generation. Ansonsten würden alle Menschen auf der Welt, die in einer bestimmten Zeitperiode geboren wurden, beispielsweise zwischen 1965 und 1980 (genannt Generation X) dieselben Wertvorstellungen, Einstellungen zur Arbeit, zur Familie, zu Freunden, zu Verhaltensweisen oder zur Nutzung von digitalen Medien zeigen. Zum anderen wurde mehrfach empirisch bewiesen, dass Personen, die in verschiedenen Zeitperioden aufgewachsen sind, unterschiedliche Besonderheiten aufzeigen und Präferenzen zu bestimmten Elementen, die sich allerdings im Laufe des Lebens verändern, im Besonderen in Bezug auf Werte.

Dieser Wertewandel ist ein Prozess über Jahre, vielmehr über Generationen und erfolgt schubweise, eher unbewusst, spontan und eigentlich ungeplant. Er wird dann sichtbar, wenn im Laufe der Zeit immer mehr Menschen neue Denk- und Verhaltensmuster entwickeln, insbesondere wenn diese eine Verbesserung der Lebensumstände darstellen. Die Wissenschaft behauptet sogar, dass aufgrund kohärenter Muster, eine Verschiebung von Erwartungshaltungen, die Menschen an ihr Leben stellen, voraussagbar ist (Howe & Strauss, 2007). Diese Verschiebungen werden von der ökonomischen und politischen Entwicklung eines Landes, vom technischen Fortschritt, einschneidende Ereignisse, die eine Bedrohung für die Lebensumstände darstellen, aber auch vom Bildungsgrad einer Gesellschaft beeinflusst. Eine wichtige Erkenntnis für Unternehmen, die in absehbarer Zukunft ihre Führungspositionen neu besetzen müssen. Bis heute ist es überwiegend die Generation der Baby-Boomer, mit ihren Besonderheiten, ihrem Verhalten, ihren Präferenzen und Einstellung zur Arbeit, die entscheidende Funktionen in Firmen übernommen haben. Allerdings hat die Generation der Baby-Boomer mehrfach gezeigt, wie man erfolgreich Unternehmen durch Krisen und die verschiedensten Phasen eines Business-Life-Cycle manövriert. Einen Stresstest, den die nächste Generation von Führungskräften erst noch bestehen muss. *Denn Krisen werden das New Normal werden.*

Tatsache ist auch, dass die Generation der Baby-Boomer in Hierarchien denken und die damit verbundenen Prestiges genießen und gerne daran festhalten. Sie haben schließlich hart dafür gearbeitet; freiwillig und unfreiwillig auf Freizeit und Privatleben verzichtet. Als Gegenleistung gab es: ein eigenes Büro mit persönlicher Assistentin, Macht, Firmenwagen, Business-Class-Fliegen, Aktienpaket, Firmen-Pension, hohes Gehalt und Boni. Mit Arbeitszeitflexibilität und Work-Life-Balance können sie nur wenig anfangen.

Viele Baby-Boomer werden nach Erreichen der Altersgrenze weiter-arbeiten – entweder als UnternehmensberaterIn, Interim-ManagerIn oder als Selbstständiger (Howe & Strauss, 2007).

Neben den Baby-Boomern ist die Generation X, die heutigen 42–57-jährigen in Führungspositionen tätig. Es waren die sogenannten „Schlüsselkinder", die allein zurechtkommen mussten, da beide Eltern-teile berufstätig sein mussten (Howe & Strauss, 2007). Eine Generation, die in einer Zeit aufgewachsen ist, in der eine lange Phase des Wirt-schaftswachstums in Deutschland zu Ende ging. Es war der Beginn einer Wirtschaftskrise, verbunden mit einem signifikanten technologischen Wandel. Diese Generation hat sogar erlebt, dass viele Familien, die hart gearbeitet haben, durch Massenentlassungen oder Restrukturierungen ihre Arbeit verloren haben. Die Führungskräfte der GenX, die ich in mei-ner operativen Zeit kennenlernen durfte, waren sehr ambitioniert, familienorientiert, aufgeschlossen gegenüber fremden Kulturen, technik- und finanzaffin. Sie waren Experten in Effizienz und Produktivitäts-steigerung, ergebnisorientiert, fokussiert auf das Eliminieren von nicht wertschöpfenden Tätigkeiten. Sie hatten die Fähigkeit, ein Team zu for-men, das sie jederzeit uneingeschränkt unterstützte. Es waren diejenigen, die für das Unternehmen als Expatriates den Marktaufbau in fremde Länder unterstützt haben.

Die Schwächen, die ich gesehen habe, waren das Einhalten von Compliance-Regeln sowie das Akzeptieren von Rahmenbedingungen aus anderen Fachbereichen. Zudem waren es keine guten Netzwerker oder Menschen, denen eine soziale Beziehung wichtig sind. Noch waren die Kollegen interessiert, die Probleme von morgen zu erkennen und früh-zeitig Lösungen zu entwickeln. Eine weitere große Schwäche war das nachhaltige Umsetzen der eigenen Ideen und der Geschäftsziele. Es wurde immer etwas an der Oberfläche gekratzt. Dafür waren sie in der Lage, schnelle Entscheidungen zu treffen. Allerdings oft ohne Rücksicht zu nehmen auf die Meinung und Konsequenzen für andere.

Ein schöner Fall für eine wissenschaftliche Studie, um herauszufinden, ob meine Beobachtung für alle Führungskräfte der Gen X zutreffend ist.

Generation X meets Y und Z. Welcher Führungsstil wird sich durch-setzen? *Die Generation Y* sind die heutigen 23–42-jährigen. Keine andere

Generation kann sich mit so vielen verschiedenen Namen schmücken wie diese Altersgruppe; beispielsweise: die Millennials, ME first Generation, MyPhone, oder dot.com Generation. Dabei sind diese Menschen sehr ernst zu nehmen. Sie sind bestens ausgebildet, haben in ihrer Erwachsenwerden-Phase viele Krisen und große Katastrophen miterlebt, sie mussten den Leistungsdruck ihrer Eltern aushalten, die ihnen unaufhörlich eintrichterten, dass nur diejenigen gute Aussichten auf einen Job haben, die herausragende Leistungen aufzeigen können (Hurrelmann & Albrecht, 2014, S. 53). Mit dieser Forderung war der Grundstein gelegt für die Generation Y, dass sie ihre Ressourcen ehrgeizig, zielgerichtet und gewinnbringend einsetzen werden, um nicht zu den Losern zu gehören (Hurrelmann & Albrecht, 2014, S. 56 f.). Hurrelmann und Albrecht (2014) nennen diesen Jahrgang: *Die heimlichen Revolutionäre*, weil sie unsere Welt radikal verändern werden. Das Arbeitsleben eingeschlossen.

Nachdenklich machen die Behauptungen der Autoren, dass die Generation Y so von sich überzeugt ist, etwas Besonderes zu sein, durch ihre hervorragende Ausbildung und der professionelle Umgang mit dem Internet, dass dies ausreichend ist, sofort Verantwortung und Einfluss im Unternehmen zu übernehmen.

**Fragen**

Wächst hier innerhalb einer Generation eine neue Gruppe von Narzissten heran, die zukünftig in Führungspositionen zu finden sind? Wie ticken die Millennials als Führungskräfte?

Die Antwort gibt Tiedemann (2018), ein Millennial, in seinem Buch, in dem er seinen Blickwinkel auf Führung niedergeschrieben hat. Für Tiedemann ist Leadership die Fähigkeit, Menschen zu beeinflussen und zu inspirieren und nicht, sich in den Vordergrund zu stellen. Aus seiner Sicht beginnt gute Führung damit, dass man zuerst in der Lage sein sollte, sich selbst zu führen; mit gutem Beispiel voranzugehen.

Weitere wichtige Führungselemente, die Tiedemann (2018) für seine Generation determinierte, sind:

- Dem Team zu verdeutlichen, warum ihre Aufgaben wichtig sind. Denn Teammitglieder sind nur dann motiviert, wenn sie denn Sinn verstehen. Die New Worker sprechen hier gerne vom Purpose, was mir zu abgehoben und abstrakt klingt.
- Die Unternehmenskultur. Ohne die entsprechende Unternehmenskultur ist eine Führungskraft wie ein Soldat ohne Waffen.
- Sich um die Menschen im Team kümmern. Diese unterstützen, entwickeln, auf sie achten, dann werden die MitarbeiterInnen dasselbe für sie als Führungskraft und für das Unternehmen tun.
- Die Bedürfnisse der Teammitglieder verstehen und auf sie eingehen.
- Feedback geben und nehmen.
- Effektive Kommunikation. Kurz und prägnant. Zuhören anstelle von Labern.
- Ein Arbeitsumfeld schaffen, in dem die Menschen nicht permanent angetrieben werden müssen, sondern motiviert sind, ihre Aufgaben selbstständig zu erledigen.
- Die eigenen Werte leben und danach handeln.
- Schwäche zeigen.

Dazu passen die Aussagen von Führungskräften aus der Generation Y, die über ihre Ansicht von Führung interviewt wurden, gelesen in: Revolution? Ja, bitte! Wenn Old-School-Führung auf New-Work Leadership trifft (Buhr & Feltes, 2018).

Wie Sie sehen, sind die von Tiedemann (2018) formulierten Ansprüche an Führung nicht revolutionär neu. Der gravierende Unterschied liegt in der inhaltlichen Ausgestaltung, dem „Wie" und die Frage nach dem „Warum".

In der Zwischenzeit sind vier Jahre vergangen von der Publikation des Buches von Tiedemann und viele einschneidende Ereignisse haben unsere Welt verändert, die mit Sicherheit die Ansprüche der Generation Y an Führung nochmals verändert haben.

> Viele New-Work-Enthusiasten können es kaum abwarten, bis die die neue Generation in die Führungsetagen aufrückt. Endlich kommen die empathischen, authentischen, coachenden, werteorientierten Gutmenschen, die ihre MitarbeiterInnen sinnstiftend durchs Arbeitsleben begleiten. Leider eine Illusion.

Denn die jüngere Generation ist gravierend narzisstischer als die Generationen davor, so das Ergebnis einer Studie von Heidbrink, Berg und Feltes (2021). Die extremsten Werte zeigen Männer unter 30 Jahre. Eine durchaus ernst zunehmende Erkenntnis, die diese Studie analysiert hat, insbesondere da die narzisstischen Komponenten korrespondieren mit dem Bild, das Hurrelmann und Albrecht (2014) über die Gruppe der Generation Y porträtiert hat.

## 6.4    Macht ist geil – auch im New Work?

Wer kennt nicht den Spruch: Geld verdirbt den Charakter. Was ist mit Macht? Verderben Macht und Privilegien ebenso den Charakter von Menschen? Ist es nicht so, dass je mehr Macht und Privilegien jemand bekommt, desto selbstsüchtiger und narzisstischer wird diese Person? Insbesondere, wenn der- oder diejenige Rückendeckung von noch Mächtigeren erhält.

Mächtig zu sein, kann ein beglückendes Gefühl auslösen. Die Macht zu haben, seinen Einfluss in der Organisation positiv wie negativ zur Schau zu stellen. Andere Menschen zu beherrschen. Sie zu zwingen, etwas gegen ihren Willen zu tun, mit der Drohung, sie zu bestrafen, wenn sie sich wehren. Die Drohung über das Karriereende, Versetzung, Ausgrenzung aus dem Team, Streichen von Privilegien. Der Fantasie sind hier keine Grenzen gesetzt. Hauptsache, der Machtmensch kann sein Ego befriedigen. Die Schwachen, die widerspruchslos die Befehle ausführen oder schweigen, werden belohnt mit einer Beförderung, mehr Geld oder anderen Statussymbolen.

Macht in der Organisation ist losgelöst von Hierarchien. Denken Sie an die Arbeitnehmervertretungen, die quasi per Amt und Gesetz die Macht haben, dem CEO oder Geschäftsführer das Leben schwer zu machen (siehe VW). Macht haben die BewerberInnen. Sie können die Unternehmen ausspielen oder hinhalten. Macht haben die Kunden und die Lieferanten. Die Kunden, die ihre Lieferanten sowie Dienstleister unter Druck setzen, ihre Preisforderungen zu akzeptieren. Die Lieferanten, die die Waren nicht liefern, wenn der Kunde auf seine Forderungen nicht eingeht. Macht haben alle MitarbeiterInnen entweder durch ihr

Spezialwissen, durch gute Beziehungen zu wichtigen Entscheidungs-
trägern oder die Macht, den Vorgesetzten in einer wichtigen Sache
hängenzulassen und natürlich die Macht, das Unternehmen jederzeit zu
verlassen. Macht in der Organisation haben alle, die Abhängigkeit ver-
ursachen. *Daran wird New Work nichts ändern.*
    Wer Zugang zu Macht hat, bekommt Anerkennung, Bewunderung,
wird umschmeichelt. Das wiederum drückt sich bei manchen Menschen
in Selbstgefälligkeit oder Arroganz aus. Oft verliert derjenige oder diejenige die Bodenhaftung und erscheint für die MitarbeiterInnen fremd
und unerreichbar bis hin zu kriminell. Aus der Praxis sind genügend Beispiel bekannt, wo einflussreiche ManagerInnen zu Wirtschaftsstraftäter
werden. Wer einmal Macht und Einfluss genossen hat, dem fällt es
schwer, diese wieder aufzugeben. Denken Sie nur an die Vorstände, Auf-
sichtsratsmitglieder oder ManagerInnen in Top-Positionen, die am liebs-
ten bis zu ihrem Lebensende an ihre Positionen festhalten würden. Denn
mit Macht sind auch bestimmte Privilegien verbunden, die keiner gerne
aufgeben möchte.
    Und dann sind da noch die Machtspiele in der Organisation, die von
Frauen wie auch von Männern gleichermaßen betrieben werden. Machtspiele sind die Ursache von Neid, Missgunst, Intrigen, Ungerechtigkeits-
empfinden, denen man machtlos gegenübersteht. Machtspiele sind das
Verteidigen des eigenen Territoriums, sowohl das Greifen nach fremden
Besitztümern, mit dem Ziel seine Macht und Einfluss zu vergrößern.
    Macht verbunden mit Einfluss wird es immer in jeder Organisation
geben, auch in der neuen Arbeitswelt. Entscheidend wird sein, ob der
Begriff Macht negativ oder positiv belegt ist, was abhängig ist von den
Mächtigen im Unternehmen, wie sie ihre Macht einsetzen und von den
Machtspielen zwischen den verschiedenen Akteuren.
    Der Umgang mit Macht im Unternehmen ist ein Teil der Unter-
nehmenskultur. Zeigen gegebenenfalls die Mächtigen und die Führungskräfte ausreichend Charakterstärke, Machtspiele abzuwehren, oder dass
sie mit Macht sachlich umgehen können oder dass sie sich von
Noch-Mächtigeren nicht verführen lassen, ist der Umgang mit dieser Art
von Einfluss ethisches Handeln.

## 6.5 Führungskultur – welche hätten Sie denn gerne?

Auf ein Bier mit den MitarbeiterInnen oder gemeinsam zum Sport gehen, gehören heute zum guten Ton einer lockeren Arbeitskultur. Hey, Hi, LG, VG, cool, Mega sind die minimalistischen Worte, die derzeit in E-Mails inflationären Charakter haben. Zum neuen Ton gehört auch, dass sich jeder mit jedem duzt. Wenn man viel Glück hat, wird man gefragt. Früher hat der Ältere dem Jüngeren das Du angeboten, der Ranghöhere dem Rangniedrigen, die Frau dem Mann. Oh Gott, schon das Wort Ranghöhere gehört in die Mottenkiste. Cooles Outfit. Pudelmütze, Hoodies, Sneakers, Flipflops, Leggins, zerrissene Jeans anstelle von Kostüm, Anzug, Hemd und Krawatte unterstreichen: Unsere Chefs sind Kumpeltypen.

Kann das funktionieren? Heute geliebt, morgen gehasst. Jede Führungskraft, auch in der neuen Arbeitswelt, muss täglich schwierige Entscheidungen treffen. Entscheidungen, die nicht nur betriebswirtschaftliche Auswirkungen haben, sondern auch Entscheidungen, die MitarbeiterInnen und das Team betreffen. Ist man zu eng mit den Mitarbeitern verbunden, können Diskussionen schon mal persönlich werden und Grenzen überschreiten. Kann der Kumpeltyp solch eine Situation besser meistern und sich trotzdem den Respekt und die Treue der MitarbeiterInnen langfristig sichern? Oder wird von einem Kumpeltyp-Chef eher Nachlässigkeit und Großzügigkeit in der Interpretation von Ergebnissen erwartet.

Ist das die Führungskultur, die zu Ihrer Organisation passt und das Unternehmen erfolgreicher macht? Oder eher die: „Work hard, Party hard" Kultur. Die Führungskräfte sind fordernd und Macher-Typen. Sie gehen Risiken ein, zeigen sich fokussiert und analytisch, sind offen für Hypes und springen gerne von Idee zu Idee, erwarten von den MitarbeiterInnen, dass sie die Ideen kompromisslos umsetzen. Sie hören sich gerne reden und stehen gerne im Rampenlicht. Im Vordergrund ist für sie immer der Kunde, Umsatz und Wachstum. Die Arbeitsatmosphäre ist dynamisch, ergebnis- und zielorientiert. Jeden Tag voller Einsatz. „Always-on". Erfolge werden gemeinsam gefeiert, mit der Erwartungshaltung „und was kriege ich dafür". Eine Führungskultur, die die MitarbeiterInnen ständig zu Höchstleistungen treibt.

**Fragen**

Sieht so die Führungskultur im New Work aus?

Was ist eigentlich eine Führungskultur? Eine eindeutige Antwort habe ich leider nicht gefunden. Meine persönliche Interpretation von diesem Terminus ist wie folgt:

Eine Führungskultur ist der Fußabdruck, den Vorgesetzte bei ihren MitarbeiterInnen hinterlassen auf den sie mit einem entsprechenden Verhalten reagieren. Sichtbar im Handeln und Tun. Denn Führungsverhalten prägt Mitarbeiterverhalten (Berner, 2019, S. 305).

Eine Führungskultur ist eine wechselseitige Beziehung zwischen Vorgesetzten und Mitarbeitern. Eine Beziehung, die sich über die Zeit verändert, bis hin, dass die Beziehung zerbricht. Eine Führungskultur ist und darf nicht statisch sein, sondern muss regelmäßig auf ihre Wirksamkeit überprüft werden und eventuell an neue Gegebenheiten angepasst werden. Es ist mit das schwerste Veränderungsprojekt in einer Organisation.

Jede Führungskraft ist ja von sich überzeugt, dass sein/ihr Führungsverhalten richtig ist und wird sich vehement sträuben einzusehen, dass er/sie neue Wege gehen muss. Zudem ist es extrem schwierig, jahrelang gelebtes Verhalten zu verändern, wenn für denjenigen nicht erkennbar ist, was er denn davon hat. Vor dieser Herausforderung stehen im Zuge der New-Work-Bewegung die meisten Unternehmen, die Führungskräfte zu überzeugen, dass die digitale Arbeitswelt, die neue und alte Generation eine veränderte Art von Führung fordern.

Einfach nur zu glauben oder darauf zu hoffen, dass die nächste Generation von Führungskräften bereits die richtigen Führungseigenschaften mitbringt, ist schlichtweg eine Illusion.

## 6.6 Das leise Sterben der einsamen Helden ist der Anfang einer neuen Art zu führen

Die Baby-Boomer verlassen die Unternehmen. Mit ihnen geht eine Führungskultur, die lange Zeit sehr erfolgreich war. Im Vordergrund standen der Shareholder-Value-Ansatz, KPIs', Gewinnmaximierung um jeden Preis, Verlagerungen von Dienstleistungen oder Produktion in Niedriglohnländern, Restrukturierungen, Kostenoptimierung, Re-Organisationen von Zentral zu Dezentral und zurück.

Heute ist Führung komplexer geworden. Die MitarbeiterInnen zeigen sich selbstbewusster und fordernder, mit eigenen Wertvorstellungen, das Führung auf ein anderes Niveau hebt. Somit sind zum einen die Erwartungshaltung der MitarbeiterInnen zu erfüllen, was nicht bedeutet, dass Führungskräfte zukünftig auf alle Wünsche eingehen müssen, sondern gemeinsam mit den MitarbeiterInnen Führung neu denken.

Hinzu kommen die veränderten Ansprüche der internen und externen Kunden zu antizipieren und mit dem Team an Lösungen zu arbeiten für die Probleme von morgen. Themen wie Umwelt- und Klimaschutz, Krisenmanagement, Nachhaltigkeit, Veränderungen vorantreiben, loslassen vom Mikromanagement, den MitarbeiterInnen Freiraum zu geben wann, wo und wie ihre Arbeitsaufgaben erledigen, reihen sich in das neue Kompetenzprofil.

Zu einer neuen Art von Führung zählt ein gutes Beziehungsmanagement und Netzwerk. Hierbei geht es um das Vernetzen mit wichtigen Geschäftspartnern, das Engagement in verschiedenen Verbänden, Institutionen, sozialen Netzwerken, aber auch die Bereitschaft mit einer Vielzahl von externen Partnern zusammenzuarbeiten wie Start-ups, Hochschulen oder Crowdworking. Immer unter dem Gesichtspunkt, die Wertschöpfung im Unternehmen zu steigern. Denn Profit und Gewinn zu liefern, stehen immer noch ganz oben auf der Prioritäten-Liste auch für zukünftige ManagerInnen. Nicht fehlen darf die Thematik Agilität, das sinnvolle Einsetzen der Schwarm-Intelligenz. Sinnvoll ist es dann, wenn durch die Heterogenität, Methoden, Fach- und Sozialkompetenz von Projektteams ein Nutzen für den Kunden entsteht. Im Vordergrund muss das „WE" stehen und nicht das „ME".

Abgerundet wird das neue Führungsportfolio durch die Bereitschaft, Vielfalt und Inklusion in der Organisation sichtbar zu erhöhen. Wobei es zu einfach wäre, sich ausschließlich auf die Ebene der Geschlechtergleichheit zu konzentrieren. Führungskräfte sind gefordert dafür zu sorgen, insbesondere im Hinblick auf den viel diskutierten Fachkräftemangel, dass die unterschiedlichsten Menschen mit gleicher fachlicher Qualifikation eine Chance auf einen Arbeitsplatz bekommen. Der makellose, geradlinige Lebenslauf gehört in die Arbeitswelt von gestern.

Und als letztes Element, das ich Ihnen nicht vorenthalten möchte, ist der Effekt, den die Digitalisierung auf das Führungsverhalten nach sich zieht. Mehr als in den Jahren davor werden Führungskräfte „Caring" als neue Kompetenz akzeptieren müssen. Nicht zu verwechseln mit Nursing. Warum „Caring". Die Digitalisierung, die ja lange noch nicht abgeschlossen ist, wird MitarbeiterInnen psychisch an ihre Grenzen bringen (Foerster-Metz et al., 2018; Bregenzer & Jimenez, 2021). Das zu erkennen und die MitarbeiterInnen adäquat zu unterstützen, macht gutes Führungsverhalten aus. Denn nur gesunde MitarbeiterInnen zeigen ein hohes Engagement und Produktivität.

Zum Abschluss dieses Kapitels einige interessante Aussagen über Führung von Vorständen aus großen Konzernen, Geschäftsführern aus Familienunternehmen, Manager aus großen und kleinen Unternehmen aus den unterschiedlichsten Branchen im Rahmen der Baden-Badener Unternehmer-Gespräche im Jahr 2020. Die Beiträge wurden in einem Buch veröffentlicht mit dem Titel „besser anders weiter so? Verantwortliche Führung in Wirtschaft und Gesellschaft" (Bock & Frank, 2020).

Es wird über das Prinzip Haltung gesprochen und dass Werte dabei eine zentrale Rolle spielen. Beispielhaft wird aufgezeigt, dass es insbesondere in der Wirtschaft häufig an Haltung mangelt. Wie ein roter Faden werden von den Wirtschaftsführern Unternehmenskultur, Werte als Orientierung, Purpose und Führung in den Mittelpunkt gestellt. Gesprochen wird über Mut-Macher, Neugier als Erfolgsfaktor, Entscheiden, Weitblick anstelle von Furcht (Bäte, 2020; Leibinger, 2020; Oschmann, 2020).

> Gute Führung wurde definiert als ein gesundes Maß an Bescheidenheit und Ausdauer, das Vorangehen mit gutem Beispiel und das Wahren von Anstand. (Fehrenbach, 2020).

Aufschlussreich ist die Aussage, dass nicht alles, was neu ist, auch nachhaltigen Nutzen stiftet und langfristig Sinn macht. Trotzdem ermutigt einer der Autoren neue Wege der Zusammenarbeit zu gehen, mit alten Traditionen zu brechen, wenn diese nicht mehr in die Zukunft passen und kalkulierbare Risiken einzugehen. Dabei muss das Wesen oder die grundsätzlichen Werte des Unternehmens erhalten bleiben (Fischer, 2020). Es gibt keine Zukunft ohne Herkunft. Darauf hingewiesen wird auch, dass wer Neues versucht, Fehler macht, denn eine totale Fehlervermeidung führt zum Stillstand. Zu unterscheiden ist allerdings zwischen Irrtum und Fehler (Teyssen, 2020).

Besonders spannend ist die folgende Äußerung zum Thema Nachhaltigkeit:

---

**》Nachhaltigkeit ohne wirtschaftlichen Nutzen funktioniert nicht. Nachhaltigkeit darf nicht rein aus moralischer Sicht postuliert werden. Ein Unternehmen existiert schließlich, um wirtschaftliches Wachstum zu generieren (Fehrenbach, 2020).**

---

Die Statements klingen wie eine Kopie aus einem guten modernen Management-Handbuch. Oder, sind es ehrlich gemeinte und tatsächlich gelebte Verhaltensänderungen? Wenn ja, ist dies der Anfang einer neuen Art von Führung, die New Work sichtbar macht.

Wünschenswert ist der Abschied vom Kästchendenken, Statussymbolen, Privilegien oder selbstverliebte machtbesessene CEOs, die weiterhin den einsamen Helden spielen und Machtspiele genießen.

Am Schluss eine Frage zum Nachdenken:

**Fragen**

Wird es zukünftig machbar sein, dass diese komplexe Aufgabenvielfalt von einer Person verantwortet wird, oder ist jetzt nicht ein guter Zeitpunkt auf die Kompetenz und die Verantwortung der MitarbeiterInnen zu vertrauen und Führung neu zu verteilen?

## 6.7    Führung – der Spagat zwischen dem „was war" und dem „wie es sein sollte!"

Eine neue Art von Führung wirkungsvoll und nachhaltig umzusetzen, bedeutet mehr als eine flammende Rede vom CEO, in der er dem Management-Team seine Führungsprinzipien vorstellt und Marschieren in Formation erwartet. Führen neu zu definieren, ist kein Schönwetterprojekt, das in wenigen Tagen erledigt ist. Es ist ein Prozess.

Aus meiner langjährigen Erfahrung in der Umsetzung von globalen Veränderungsprojekten haben sich eine Kombination von Bottom-up und Top-down-Vorgehen als erfolgreich gezeigt. Speziell, wenn die Beteiligten den Freiraum bekommen, den Weg zum Ziel selbst zu bestimmen oder wenigstens mit definieren können. Ansonsten wird das Veränderungsprojekt ein Rohrkrepierer, wie viele andere Change-Projekte auch.

Veränderungen, die das menschliche Verhalten, das Handeln und Tun in der Organisation in andere Bahnen lenken soll, ist eines der schwierigsten Projekte. Es ist verbunden mit Ängsten, Widerständen, Blockaden oder unsichtbaren Mächten, die das Vorhaben unterminieren.

Führungsverhalten neu auszurichten, erfordert eine gute Vorbereitung und Storyline sowie Resilienz. Überzeugen Sie Ihr Management-Team mit Daten und Fakten, warum der Führungsstil der vergangenen Jahre ein Re-design erforderlich macht. Überlegen Sie gemeinsam, welche Verbesserungen erwartet werden, wie etwa hohes Empowerment, bessere Bewertung auf den sozialen Plattformen, Arbeitgeber des Jahres, Innovationspreis, höhere Kundenzufriedenheit etc. Öffnen Sie für Ihre Führungskräfte Türen, etwas Neues zu wagen für den Fall, dass sie keine Lust mehr haben auf Führung. Machen Sie ihnen Mut, das zu tun, was sie schon immer tun wollten, aber nie Gelegenheit dazu hatten. Finden Sie in Einzelgesprächen heraus, am besten mit externer Unterstützung, wo der blinde weiße Fleck ist. Erst danach ist es sinnvoll, das methodische Vorgehen umzusetzen.

**Das methodische Vorgehen**
Analysieren Sie die IST-Situation, konkreter ausgedrückt, die bestehenden Führungskompetenzen. Hierfür eignet sich entweder eine Selbst-Ein-

schätzung oder eine Bottom-up-Beurteilung durch die MitarbeiterInnen (bekannt auch als Vorgesetzten-Beurteilung). Erarbeiten Sie gemeinsam mit Ihren ManagerInnen ein SOLL-Profil mit den entsprechenden Verhaltensweisen, die erforderlich sind, a) die strategischen Ziele des Unternehmens zu unterstützen, b) den Zeitgeist widerspiegelt. Empfehlenswert ist, die heutigen Kompetenzen nicht komplett zu zerstören. Wertschätzen Sie, was über Jahre erfolgreich war. Definieren Sie gemeinsam die Veränderungsziele. Messen Sie den Umsetzungserfolg mit einer erneuten Bottom-up-Beurteilung.

**Verändern Sie das Auswahlverfahren von Führungskräften**
Bis heute werden bei der Auswahl von Führungskräften die üblichen Regeln angewendet. Potenzielle KandidatInnen werden entweder willkürlich bestimmt oder es werden die Erfolge der Vergangenheit als Entscheidungsgrundlage angewendet, mit einem anschließenden Assessment, das in der Regel aufwendig und teuer ist. Die Erfolge der Vergangenheit oft als subjektive Bewertung des direkten Vorgesetzten oder, den Eindruck, den der KandidatIn an den richtigen Stellen hinterlassen hat.

In der neuen Arbeitswelt passen diese Vorgehensweisen nicht mehr. Genauso wenig passen Psychopathen, Narzissten oder Menschen ohne Ethik und Moral in moderne Unternehmen. Mit einem professionellen Auswahlverfahren ist es möglich, diese Charaktere zu enttarnen. Wobei manche Branchen, auch Chefs, diese Art von Menschen bevorzugen.

Zukunftsorientierte Unternehmen ziehen Menschen vor, die es verstehen, strategisch und analytisch zu denken und zu handeln, zu antizipieren, die eine gewisse Leidenschaft für die Aufgabe mitbringen, die es schaffen, in einer zunehmend komplexeren und unsicheren Arbeitswelt ihr Team zusammenzuhalten und zu begeistern. Es sind diejenigen, die notwendige Veränderungen erkennen und die Umsetzung auch gegen Widerstände vorantreiben. Diese Menschen sind vielmals die Querdenker, Schnelldenker, die Regelverletzer, die Unerfahrenen, die Ambitionierten und die Culture-Unfit-Leute. Aber es sind die, die etwas bewegen und die Firma nach vorne bringen. Menschen mit einer eigenen Meinung.

Ändern Sie Ihr Auswahlverfahren so schnell wie möglich und finden Sie heraus, ob Ihre Führungskräfte das Potenzial „Zukunft" haben.

## 6.8 Fazit

Führung wird sich in den nächsten Jahren verändern, daran besteht kein Zweifel. Schon deswegen, weil eine neue Generation von Führungskräften die bisherigen Verantwortlichen ersetzen werden. Ob sich der Traum der New-Work-Enthusiasten erfüllt, zukünftig die coachenden, authentischen, wertschätzenden, sinnstiftenden, empathischen und immer lobendenden Gutmenschen in dieser Führungsrolle vorzufinden, die ein Unternehmen führen, bleibt abzuwarten. Denn eine gute nachhaltige Führungskultur heißt auch in der neuen Arbeitswelt, den Erfolg des Unternehmens sicherzustellen durch Effektivität und Effizienz. Ebenso ist die wirtschaftliche Situation ein Faktor, der einen Einfluss auf das Führungsverhalten hat, wie in Abschn. 6.2 Führen im Business-Life-Cycle deutlich gemacht wurde.

Unklar bleibt, wie sich zukünftig Macht und Machtspiele in den Unternehmen entwickeln. Wird es der neuen Generation von Führungskräften gelingen, mit Macht sachlich umzugehen? Wird es ihnen gelingen, Führung neu zu leben? Führungsverhalten zu verändern ist ein langer mühseliger Weg, der viel Geduld erfordert. Es ist kein Projekt, dass mal eben zwischen den täglichen Routineterminen einen Platz findet. Aufgeben auf halber Strecke oder halbherzige Kompromisse eingehen, ist der Garant für ein Rohrkrepierer.

Führungsverhalten ändern, fängt immer bei einem selbst an. Es bedeutet Mut, mit gutem Beispiel voranzugehen, Nachhaltigkeit und Bescheidenheit. Es ist der Abschied vom alten Denken und Strukturen.

## Literatur

Bäte, O. (2020). Unerschrockenheit. In K. Bock & F. Trümper (Hrsg.), *besser anders weiter so? Verantwortliche Führung in Wirtschaft und Gesellschaft*. Herder.

Berner, W. (2019). *Culture change. Unternehmenskultur als Wettbewerbsvorteil*. Schäffer-Poeschel.

Bock, K., & Frank, T. (Hrsg.). (2020). *besser anders weiter so? Verantwortliche Führung in Wirtschaft und Gesellschaft.* Herder GmbH.

Bregenzer, A., & Jimenez, P. (2021). Risk factors and leadership in a digitalized working world and their effects on employees' stress and resources: Web-based questionnaire study. *Journal of Medical Internet Research, 23*(3), 1–16. https://doi.org/10.2196/24906

Buhr, A., & Feltes, F. (2018). *Revolution? Ja, bitte! Wenn Old-Führung auf Nw-Work-Leadership trifft.* GABAL.

Fehrenbach, F. (2020). Nachhaltigkeit in der Führung. Moden kommen und gehen -lange Linien bleiben. In I. K. Bock & F. Trümper (Hrsg.), *besser anders weiter so? Verantwortliche Führung in Wirtschaft und Gesellschaft.* Herder.

Fischer, T. (2020). Mut zum Bruch mit Traditionen. In K. Bock & F. Trümper (Hrsg.), *besser anders weiter so? Verantwortliche Führung in Wirtschaft und Gesellschaft.* Herder.

Foerster-Metz, U. S., Marquardt, K., Golowko, N., Kompalla, A., & Hell, C. (2018). Digital transformation and its implications on organizational behavior. *Journal of EU Research in Business.* https://doi.org/10.5171/2018.340873

Heidbrink, M., Berg, V., & Feltes, F. (2021, April 19). Die Jungbullen kommen. Narzissmus in deutschen Führungsetagen. *Harvard Business manager,* (5).

Hemel, U. (2005). *Wert und Werte. Ethik für Manager – Ein Leitfaden für die Praxis.* Carl Hanser.

Howe, N., & Strauss, W. (2007, July–August). The next 20 years. How customer and workforce attidues will evolve. *Harvard Business Review. Managing for the long term., 2007,* 1–12.

Hurrelmann, K., & Albrecht, E. (2014). *Die heimlichen Revolutionäre. Wie die Generation Y unsere Welt verändert.* Beltz.

Kesidou, E., & Carter, S. (2018). *Entrepreneurial leadership: An exploratory study of attitudinal and behavioral patterns over the business-life-cycle.* Robert Gordon University Aberdeen, Entrepreneurship. OpenAir@RGU. https://rgu-repository.worktribe.com/preview/297899/KESIDOU%202018%20Entrepreneurial%20leadership.pdf. Zugegriffen am 2022.

Kraus, O. E. (2009). Führung. Von den alten Griechen lernen. *manager magazin.*

Leibinger, P. (2020). Das Prinzip Haltung. In K. Bock & F. Trümper (Hrsg.), *besser anders weiter so? Verantwortliche Führung in Wirtschaft und Gesellschaft.* Herder.

Oschmann, S. (2020). Fortschritt lebt von neugierigen Köpfen – Neugier als Erfolgsfaktor. In K. Bock & F. Trümper (Hrsg.), *besser anders weiter so? Verantwortliche Führung in Wirtschaft und Gesellschaft.* Herder GmbH.

Talebi, K. (2007). How Entrepreneurs should change their style in a businesse life cycle. *Journal of Asia Entrepreneurship and Sustainanbility, III*(3), 1–97

Teyssen, J. (2020). Das Recht auf Irrtum – und die Pflicht zur Selbstkorrektur. In K. Bock & F. Trümper (Hrsg.), *besser anders weiter so? Verantwortliche Führung in Wirtschaft und Gesellschaft*. Herder.

Tiedemann, H. (2018). *Next Gen leadership. Secrets to success for future leaders*. New Degree Press.

Zaech, S., & Baldegger, U. (2017). Leadership in start-ups. *International Small Business Journal, 35*(2), 157–177. https://doi.org/10.1177/026624261667 6883

The manufacturer's authorised representative in the EU is Springer
Nature Customer Service Centre GmbH, Europaplatz 3, 69115 Heidelberg,
Germany. If you have any concerns regarding our products, please
contact ProductSafety@springernature.com

Printed and bound by CPI Group (UK) Ltd, Croydon, CR0 4YY
28/04/2026
02098540-0002